批判教育与教师成长

代安荣 著

『我是教师，我有梦想』丛书

海峡出版发行集团
THE STRAITS PUBLISHING & DISTRIBUTING GROUP
福建人民出版社

图书在版编目（CIP）数据

批判教育与教师成长/代安荣著．—福州：福建人民出版社，2014.10

（“我是教师，我有梦想”丛书）

ISBN 978-7-211-07035-0

Ⅰ.①批… Ⅱ.①代… Ⅲ.①中小学—师资培养—研究
Ⅳ.①G635.12

中国版本图书馆 CIP 数据核字（2014）第 220577 号

批判教育与教师成长
PIPAN JIAOYU YU JIAOSHI CHENGZHANG

作　　者：代安荣
责任编辑：林　顶
出版发行：海峡出版发行集团
　　　　　福建人民出版社　　　　电　　话：0591-87533169(发行部)
网　　址：http://www.fjpph.com　　　电子邮箱：fjpph7211@126.com
地　　址：福州市东水路 76 号　　　　邮政编码：350001
经　　销：福建新华发行（集团）有限责任公司
印　　刷：福州万达印刷有限公司
地　　址：福州市金山大道 618 号仓山园 19 号楼　　　邮政编码：350002
开　　本：700 毫米×1000 毫米　1/16
印　　张：12
插　　页：1
字　　数：154 千字
版　　次：2014 年 10 月第 1 版　　　2014 年 10 月第 1 次印刷
书　　号：ISBN 978-7-211-07035-0
定　　价：28.00 元

目录

理论篇

实践篇

序：批判——人类进步的重要支点

刘裕权

反省、总结、反思，这是国人在不同历史时期对于自己的思想、行为以及工作进行审视、检查、批评和批判时的用语。

我们的祖辈的祖辈的祖辈到我们的祖辈，都非常喜欢对自己、对儿孙反反复复地提醒要学会“反省”、好好“反省”，也就是要经常地检查自己的思想行为、并注意检查其中的错误，尤以曾子的名言为标志：“吾日三省吾身，为人谋而不忠乎？与朋友交而不信乎？传不习乎？”

伴随着白话文运动，我们的父辈用“总结”一词逐渐地代替了“反省”，其意依旧是指人们对于自己过去一定时期的工作、学习或思想情况进行回顾、分析，并提到理论的高度，肯定已取得的成绩，指出应汲取的教训，进而做出客观的评价，有时候还形成相应的书面材料。

伴随着新世纪的到来，我们又在国际化的背景下，用

“反思”取代了“总结”，其意是指从哲学的高度、思想的层面对自己的思想、行为以及行为结果进行全方位的审视，从中揭示出带有规律性的东西，并以此指导和推动自己的生活、工作与学习。

无论是“反省”、“总结”，还是“反思”，都有一个共同的特点，那就是：运用批判的思维方式和表达方式，来完成对于自己思想、行为以及行为结果的审视与梳理，并以积极向上向前的态度、角度和行动，全面地实现提升自己、发展自己的目标。

翻开人类历史和中国文化史，我们发现：“反省”“反思”，实际上是人类的一种大智大慧的表现，是人们思想、行为以及气质的大气度、大格局的最好呈现；人们只有在真正懂得并掌握透彻的自我反省、自我反思，才能塑造出有底气的、有品质的、高贵的、完美的人格，拥有快乐且幸福的人生。由此，我们可以大胆地说：人类是在反省和反思的过程中，不仅继承和发扬光大自己成功的经验，更是注重运用批判的眼光和思维方式，总结梳理自己在成功的同时获得的失败的教训，以此不断地增长自己的智慧水平，进而发现和发明更多人类未知的事实与现象，创造出更多合乎人类发展规律的东西，推动人类社会的发展与更替的。同理，教育也是在教育工作者不断地反思、批判过程中，寻觅教育的规律和特质，回归教育的本真和本质，进而推动教育真正成为适宜人的本性、促进人的全面和谐的发展的社会活动。

但是，在“世人都喜欢听好听的”，“世人都喜欢说好听”的这样一种中国文化的背景下，任何一个人要想真正展开所谓的“反省”与“反思”，其实是很困难的。《批判教育与教师成长》一书的作者，是一个值得称赞和肯定的青年学者，他从教师批判行为和教师批判力对自身专业化发展与成长的积极作用这一角度，向我们展示了一个学者对于教师专业成长的创新性思考，为我们提供了一条全新的教师专业化成长的路径——保持高度的教育敏感、把握细致的教育观察、累积丰富的教育阅历、反思变化的教育过程、总结取得的教育经验。

在书中，我们可以从不同的角度、不同的方面看到作者对各种教育现象进行的敏锐观察和理性思考，还可以看到作者对于有些教育现象所进行的有理有情的剖析与批判，引领着读者紧紧跟随时代发展的步伐和脉搏，在反思和批判中探寻教育的规律、追问教育的本质，进而努力地在具体的教育实践中去呼唤与实施合规律合目的性的“真教育”，让教育回归其本真、本质，让理想的教育实现我们教育的理想。我们以为：如果每一位教师都能在专业化成长的过程中，有目的有计划地培育自己的反思、批判意识和能力，就一定能够有效地加速自己成长的步伐，缩短自己成长的周期，进而更好地促进自己所在学校的发展与进步，甚至更好地推动中国教育的发展与进步。

合上本书，我深深地感受到：《批判教育与教师成长》一书，对于引领教师审视教育、反思自我、透视社会现象，帮助提升教师的思考能力和专业素养都具有积极的作用。我十分赞同作者的这一观点：任何批判，目的不是反对而是质疑，并在质疑中拨乱反正，找到正确的方法，让人们从迷失的路上回归本真，找到自我。以此表明我对作者的认同，以此与大家共勉，以此作为本序的结尾。

（作者系成都师范学院教育系教授、
四川省陶行知研究会秘书长）

自序：教育在批判中走向成熟和完善

代安薪

批判是国人非常忌讳的词语，这是中国几千年来形成的“喜鹊文化”所导致的必然结果，毕竟谁都想听好话，谁都不想听到反面的或者负面的声音，这也是人性的弱点。但是，社会发展又离不开批判，离不开直言，甚至可以说，没有批判就没有创新，更没有社会的进步与发展。从某种意义上讲，没有魏征批判性进谏，就没有唐朝盛极一时的贞观之治，因此，批判是社会发展和进步的重要力量之一。

社会发展需要批判，唯有批判才能贴近民众的声音；教育发展也需要批判，唯有批判才能贴近教育的本质。当前教育界各种教育流派林立，各种教育改革的声音此起彼伏，各种专家都在发出自己的教育声音，这种“百家争鸣、百花齐放”的状态是教育发展的表现，但这些声音是否符合教育本质？这些教育声音是否都在不同程度促进教育的发展？事实上，现实教育和各种教育改革并非看上去的那样美，因此，教育需要理性的批判。不论什么教育，都需要在坚持传递知识的过程中，以知识传递为载体和工具，不断培养学生的思维能力，不断引导学生观察世界、认识世界，在此过程中培养学生的动手能力、创新能力和综合素质，以及塑造学生高尚的道德品质和人格、价值观等。这样的教育才是贴近教育本真，才是回归教育本质，才是遵循学生成长规律的教育。一切背离教育规律和本质的行为，都是不科学的，作为教师个体，尤其一线教育的教师要善于发现并制止背离教育本质的行为，而理性的教育批判则是制止这种行为的有效途径。

现行的教育，确实存在太多不合理的因素，这些因素有教育主管部门的，有学校和校长管理方面的，也有社会和家长方面的，还有教师自身方面的，林林总总，让教育看上去不是那样的美，甚至好多行为都越来越偏离教育轨道，这就需要教师的批判去引导人们正确认识这些现象，并把这些偏离轨道的行为“拉”回到正常的教育轨道上来。教育的本真是育人，但现在的教育却乱象纷呈，譬如“绿领巾”、体罚与变相体罚、课业负担沉重、以考分排座次、以优劣分班、重分轻人，以致某些学生厌学、轻生，也有的学生“有文凭却没有文化”，被称为“高学历的野蛮人”，对于这样的一些现象，都是需要批判的，需要在批判中让那些不理性的教育回归理性，让那些远离教育本质的行为回归教育本质，通过批判让教育变得更加合理、更具人文性，更加彰显以人为本的品质。当然，教育批判不仅仅针对学生教育层面的东西，也还有对老师层面的，比如绩效工资、职称、评审、各种此起彼伏的教育潮流等，都需要用理性的眼光和思考去批判，期待教育的各个方面更理性、更科学、更合理，更符合教育规律和贴近学生身心健康。

德国哲学家康德曾说：“愚昧的人之所以区别于聪明的人，根本在于他不具有判断力。”可见，批判精神与批判力对于一个人的成长而言是多么重要，这种精神和能力尤其对那些科学家和发明家，更是不可缺少的必备品质，甚至这种能力的高度直接决定其人生发展的高度。人生活在社会中，之所以能抵御多种多样的诱惑，文化价值观和文化判断力往往起决定性作用，教师的批判性往往就蕴含在文化价值观和文化判断力里面。批判不等于发牢骚，有批判行为的人并不等于就是某些人口中的“愤青”，相反，能批判和会批判的人其实是非常理性的，对事物的认识有其独到见解，能洞悉事物的本质和发展规律，甚至一针见血、刀刀见血，让某些人如芒刺在背、如坐针毡、坐立不安。批判者在一个新鲜事物降临之后不会狂热地追随、迷恋，而是进行辩证地分析和判断，然后才推断其是否可行，并作出自己的行动，这样在很大程度上能避免盲目与随波逐流。事实上，很多教育批判都不仅仅是单一的批判，批判总是与建设相联系的，即有批判就一定有建设性建议和改进措施，从宏观到微观，在给人警醒的同时引人深思、给人启迪，而事物的发展恰恰就在这些看似不起眼或者有些“离经叛道”和“不合群”、不随大潮的行为中得到发展与进步。

王充是东汉时期杰出的唯物主义思想家和教育家，也是一个倡导教育批判的教育家。他把人才分为四个层次，即鸿儒、文人、通人和儒生，鸿儒是他认为最应该培养的目标，因为鸿儒能精思著文、连接篇章，又能独立思考，因此，他主张的人才不仅应具备广博的知识，更重要的是有独立思考的创造精神和学以致用的能力。正因为如此，他勇于批判当时流行的学说，也强调求学之人必须具备批判精神，形成自己独到的批判教育风格。他认为要获得真知，必须打破唯师是从、唯书是从的心理，打破崇拜古人、崇拜权威的心理，对于古人，甚至像孔子、孟子那样的大圣人，只要其言论与事实不符或自相矛盾，也要敢于提出质疑，只有如此，教育才能进步，社会才能发展。

任何批判，其目的不是要与谁作对，也不是要和谁过不去，而仅仅是就事论事，站在公平公正的立场上去审视现实问题、去看待现实问题，找到解决现实问题的根本方法和措施。因此，不管批判者的批判是否科学合理，各界人士和被批判者需要从狂热的迷恋中冷静下来，认真对待批判者的批判，认真分析批判者提出的各种现象与解决措施，就像当初李世民对待魏征的批判和直谏那样，尽管有时候“恨”得咬牙切齿，但也要冷静思考分析，最后得出科学的、正确的结论。唯有如此，教育者才能避免自乱阵脚、自乱方寸，才能在众多教育流派中坚守教育本质，不迷失教育方向。毕竟，教育是塑造人灵魂的伟大工程，这个工作乱不得；否则，影响的不仅是一代人的发展和人生幸福，更涉及社会的发展和人类的进步。

一般来说，一个具有批判性的教育者，必然是专业化发展比较成熟的人，或者在批判中不断地辩证性思考和分析中走向成熟。当一个教师的教育批判言论能够直击问题或者事物的本质时，既不左也不右，而是非常公平公正地看待问题和事物本身，且不带任何私人感情色彩，那么，其批判就是成熟的，而批判者本身的专业化发展也会日趋成熟，从某种程度上讲，也就获得了专业化发展。

任何批判，目的不是反对而是质疑，并在质疑中拨乱反正，找到解决问题的正确方法，让人们从迷失的路上回归本真，找到自我。我们的教育事业需要在批判中不断走向成熟和完善，教育者需要通过批判行为来促进自身的发展，让自己从新手到熟悉、从普通到优秀乃至走向卓越，不断地走向成熟，不断地发展自己，甚至在学习审视和批判中发展成为专家、名师，既有益于社会和教育的进步与发展，也有益于自身专业化发展和享受快乐的教育。

2014 年 6 月 15 日于阳光清华寓居

理　论　篇

教师获得专业化发展的途径是什么？什么样的教师才是一个合格的教师？那种在教育教学过程中只能按部就班、不折不扣执行领导和教学目标的教师，严格意义上讲不能算称职教师，更谈不上优秀教师。有教育理想的教师，必然会对自己的教育教学行为所引起的变化产生看法，这种看法不仅仅反映在考试分数上，更反映在对学生素质发展和可持续发展上，其实这就是一种反思行为，甚至是一种批判行为。合理的现象经得起批判、不合理的现象更需要批判，有批判性思维的教师能形成明智的反思习惯、能不断地吸纳新观念、能批判性地审视自己的教学活动，因此，批判性是一个教师专业化发展的重要途径。

第一节　教育批判的基本内涵

批评性的理论基本内涵

批判性思维起源最早可追溯到2500年前的古希腊思想家苏格拉底。苏格拉底认为一切知识都是从疑难中产生，愈求进步疑难愈多，疑难愈多进步愈大。苏格拉底的批判性思维及其实践，被后来众多的学者所传承，形成最早的教育批判行为和思潮，这其中就包括记录其思想的柏拉图、亚里士多德以及希腊智者。当然，批判思维并不是只有那些接受过专门思维训练的人的专利，而是只要那些具有善于思考并具有发现生活眼睛的人也具备这种能力，这些普通人同样能够透过一个个现象洞悉事物的本质，进行理性的思考和批判，展示自己的思想和智慧，展现自己对教育事业的热爱与关注。

批判性思考是一种独特的认知技能和反思能力，它是一个人在自己生活与学习的过程中根据自己的知识、社会经验、好恶所进行的一种认知判断和思考。哈罗伦说：“批判性思维，就是用深思的怀疑态度去从事关注决定相信什么或做什么的活动的倾向或技能。”一个人一旦拥有理性的批判性思维，自然就会拥有较强的认知能力、思维策略与思维技能，并在对待一些事物上自然显示出批判性思维倾向，理性对待这些事物，理性对待各种人生问题和各种教育现象。

一般而言，能够进行批判性思考的人都不会盲从附和或盲目相信权威，总会对某一个现象或者新鲜事物结合自己的社会实践和经验进行一个初步的判断，分析其产生的历史背景和条件，以及当前所面临的一些问题，然后预测其发展趋势。批判性思维者养成“三思而后行”的思维习惯，这对一个人的发展和人生显得非常重要；一旦思维主体思维不清或者对该事物了解不够而做出了不正确或不全面的判断和预测，那么就很有可能被他人左右或利用。当然，高级的批判性思维不只需要技能，更需要包括态度、倾向、热情和心理特征在内的情感维度，突出自我的批判，而不仅仅是一种局限于自我情感的一种低级品质，彰显的是理性和思考维度，科学的思维方法、合理的批判行为和建设性建议。

一个人不仅要有批判思维，还要有良好的思维品质。我们知道，思维品质是指人们在思维过程中所表现出来的各自不同的特点，如敏捷性、灵活性、深刻性、独创性和批判性等。批判者主要注重其批判行为是否有深度、有力度、有广度，批判是否能够站得住脚，是否具有强大的说服力，需要批判者首先要具备提出问题的能力，然后能够分析问题和解决问题，因此，批判性思维，其实是在怀疑中找到解决问题的方法，在解决问题的时候抵达事物的本质，从而纠正那些不合理、不正确的某些行为，避免一些错误式极端表现，朝正确的方向发展。

很多人会把批判与“愤青”混淆，认为批判就是“反动”，甚至有些离经叛道，其实这是一种误解，更是对批判者和批判性思维错误的认识，是对批判性思维者不公平、不公正的一种态度，更是一种随波逐流、不具备主观性思考和主体价值观的一种行为。这种人根本不懂得批判的价值和意义，以及批判性对个体发展具有的重大的影响。批判性思维不仅仅是“反对”那样简单，实质却是思维个体在提出正确的问题，进而分析问题的时候考虑到多种可能，从而找到最恰当的解决方法，从而显示出拒绝惯性滑行思维，并敢于展开逆向思维和批判精神向权威挑战，是一种源自于自我潜意识的理性思维或自觉，这是批判性思维的核心。很多时候，人们之所以没有找到正确的答案，是因为思维方向错误，这个时候逻辑思维能力越强离方向越远，出现南辕北辙的悲剧。

批判性思维的本质要求人们在思考的时候尽可能缜密而线性，穷尽各种可能性，避免产生逻辑上的疏漏或者走入思维上的死角；拒绝惯性滑行，敢于逆向和挑战，拒绝沿着先入为主的概念惯性向前滑行，敢于逆向思维，敢于跳出框框，敢于挑战和诘问先知与主流，敢于说“不”，敢于反诘他人和公众思维。

作为教育者，就是需要这样的公平公正的批判能力，也需要一种合理的善断能力，这样才能够正确判断教育情景中出现的各种问题，从而做出正确的教育引导行为。如果一个教师没有这样的认知能力、批判能力和思维习惯，就会在各种社会现象中陷于盲从状态，失去自我价值判断和理性思考，从而迷失在众多的教育概念和教育新事物中，无能也无力自拔。比如，当高效课堂这一概念出现的时候，很多教育者都认为这是解决中小学教育的法宝，抓住高效课堂就抓住了一切；但也有一些人对高效课堂理念持反对态度，并没有随波逐流，而是用自己的理性思维去分析、判断，并没有出现盲从和过激的教育行为，而进行一些有益的批判，这样的批判引起人们对高效课堂进行了深刻的反思。事实证明，高效课堂存在一定的不合理因素，而那些持反对意见的人则通过批判性思维解决了这个问题，通过不断的批判，最终引起关注和重视，从而让人们对高效课堂不再那样顶礼膜拜，在一定程度上把人们对高效课堂的狂热和迷恋中走出来，冷静思考，从而让人们不再那样迷信和顶礼膜拜。当前，像高效课堂这样的概念层出不穷，诸如微课堂、幕课、翻转课堂等新事物随时都会扰乱大家的眼睛和视线，如果教师没有批判思维和能力，不能理性地对待这些新鲜的事物，就很容易陷入疲于奔命的状态。

教育批判，一是既可以对教育思想进行思考，用新形势新背景去审视固有的观点，融入新的元素，提炼新的思维；也可以对教学内容提出质疑，用新视角新路径去验证原有的定式，推陈出新。二是既可以对德育时代性、生活化进行研究，重构、形成新时期德育的脉络与架构；也可以对教学方法进行“本土化”的改造，使之成为适合自身教学的良策妙方。三是既可以在比较研究中巧借他山之玉，产生新思维和新方法；甚至还可以向经典、权威发难，构建新思想新理论。对于每一个教师而言，在做好自己的课堂教学同时，也应该朝这些方面去思考，不要低估自己的能力和潜能，像教育家一样工作、学习、实践和思考，从而在平凡的岗位上以不平凡的教育姿态出现，成就不一样的教育人生。每一个教育者都应该有这样的教育追求和教育理想，这样才能不断拉近自己与教育家的距离，哪怕明知道自己不能成为教育家、甚至连一个高级教师、特级教师都评不上，或者连一个市级骨干教师、优秀教师也评不上，但也要具有这样的教育思想和意识，在教育道路上不断探索、不断求知、不断成长，不断地奉献自己的智慧和青春，创造出不一样的教育精彩，不仅提升自己的教育幸福指数，也给孩子们带去快乐的学习生活。

一个具有批判精神的人，要具备既能批判社会又能自我批判，其批判行为才是正确的；否则，那种只知道批判社会和他人而不能自我批判的行为，是一种狭隘的批判，不理性的批判。当然，无论是教师的社会批判还是自我批判，都必须掌握一个“度”，社会批判过激危害的是教育，最终受伤的是教师和学生，自我批判过激则直接打击或左右教师个体，最终也会间接地影响学生。因此，一个教师能够进行正确的自我批判，是理性批判思维走向成熟的重要标志之一。自我批判是教师专业化发展重要的途径，毕竟教师的社会批判要超越社会因素的限制，最终还必须依赖于教师个体的自我理解与自我批判才能达成。没有对教师职业的正确认识与理解，教师个体对于自我批判就会失去方向；而没有教师个体对于自我的正确理解与认识，教师对于教师职业的理解也终将不能实现其应有的教育价值。

一个既有批判社会又有自我批判精神的教师，必然能批判性地分析、看待教师职业以及自我的局限性，并通过自身主体性的发挥来促使教师个体理性训练和德性修养的发展逐渐趋于成熟和完善。

批判思维与教育反思

批判思潮是18世纪启蒙运动以及阐明被启蒙的理性的条件这一工程的产物，具有深刻的哲学蕴涵。批判思潮所关心的是怎样保证没有任何东西左右批判的正确性，无论是偏见还是先入为主，都不能妨碍思维本身、不能妨碍和左右思考者本身。这类批判的基本姿态是反向思维，对万事万物作“反抗式”思考，目的在于避免思考本身陷入单向思考模式而走入思维误区。

随着哲学思想的发展，尽管“批判理论”展现的价值观丰富多彩，但是依然很难用一条理论线索或一个和谐的系统将这些富有创新意义的思想整合起来，但其追求个性充分解放的价值精髓和作为一种认识论意义的“批判”、“反思”的思维方式在社会学、哲学、心理学及教育科学等领域的研究都显示出其领导和创新的魅力，颇具前卫性，批判教育学就是在批判理论的价值观和认识论指导下的具体运用。批判教育学认为要致力于解决教育问题的任何研究既不能停留于纯客观量化的分析研究经验上，也不能停留于纯观念和理论历史的解释研究上，这意味着教育者“不能满足于阐述实践者自己的解释，而必须批判性地评价它们，并提出可供选择的更好意义上的解释”。因此，对各种教育现象、教育思潮的批判是多么重要，如果没有这些批判行为，教育发展和改革就找不到自己的方向，甚至会迷失自己，就像管理者没有监督机构一样，不仅会迷失自我，还会犯错，甚至是无法弥补的错误。

伯莱克从哲学和教育学的角度把“反思”理解为“立足于自我之外的批判地考察自己的行动及情境的能力”。这说明教师不仅要能够批判别人，更要学会批判和反思自己，虽不要求做到“吾日三省吾身”那样严格，但也要对自己的某些行为进行反思和批判，这样才能让自己不迷失在“自我”世界里，才不至于迷失在他人的“赞颂”和肯定中，才能真正知道自己并找回自己，并在不断的反思和自我批判中不断超越自己、不断提升自己，促进自己不断前进，而不仅仅是“躺在床上睡大觉”，当自己的“啃老族”。因此，教师长期处于自我反思和批判状态，能不断地促进自己努力思考，不断地在以职业知识而不是以习惯、传统或冲动的简单作用为基础的令人信服的行动，而是在反思与批判中对未来教育的发展未雨绸缪，并作出提前的教育工作，做“明天”的教师，为孩子明天的成长和社会未来的发展多思考、多行动、多担责，做一个走在时代前沿的教师，做一个有责任、有良心、有道德、有教育理想和追求的教师。

一般来讲，教师越能反思就越能接近教育的本质，在某种意义上讲这就是好教师，甚至某些教学理论研究者把教师的反思品质定位成一个好教师的标准。那么，用批判理论分析教师的反思作为一种教育理念的价值观和认识教育问题的思维方式具有什么样的教育意义呢？答案是肯定的，因为批判行为本身就是一种教师精神的觉醒，是教师在教育教学过程中的反省、反叛和自我救赎，因此，一旦教师具有批判倾向式批判意识，这已经说明教师在教育上的成长和成熟。

教师在“工具理性”的价值观和思维模式的支配下，对学生的教育行为采用数字化的机械方法，以牺牲学生的尊严与个性为代价来换取统一规范的便利的管理效应，结果适得其反，导致学生的消极服从而被压抑控制成缺乏独立性、创造性，没有批判精神和分辨能力的“单面人”，即批判理性被工具理性所取代。当教育变成“异化教育”，学生变成异化教育工具的时候，教育和教育者就需要反思了，这样的教育对学生成长是否有利，对社会发展是否有用，需要对这样的教育进行什么样的反思和批判性建议，以及进行一些自我“救赎”等教育行为，在自己力所能及的范围内进行“拯救”行动。教育要消除异化、消除教师的极权意识和技术理性操作教育行为的思维模式，就要把人性的价值整合到教师的科技工具理性中，使工具理性具有一种内在的人本主义批判意识，这就需要教师“超越行为原则”来“取消统治的合理性，从而有意识地使用这种合理性所形成的世界失去‘现实性’，并根据满足的合理性重新规定这个世界”，而教师的这种超越在反思中得以实现。

显然，教师在这种不平等的教育中实质上是被动的、麻木的、服从的，没有发挥主体性，在与强大的社会背景、教育制度抗衡的天平上显示出教师是弱小的。但如果教师能优化不受社会等外在因素干扰的策略，仔细反思每天通过言行直接或间接向学生发出的信息，判断它们的优劣，并将每个学生的异常行为和教育现象都纳入自己的反思范畴，这样不断地反思、行动，再反思、再行动，不断地反问自己是不是给每个学生同样的机会和尊严，是不是伤害了“边缘化”的学生，这样就有利于构建和谐的教育关系，教师会不断调整自己的教育艺术和教学态度，改变教学关系。因此，反思是教师完全能够进行自我调控、自我操作的增强教育平等的简便易行的策略。

人要对社会负责，对自己负责，只有面对实践的“生活世界”，面对人自身，不断地对现实生活中的人进行反思，对人的生活方式和生活价值进行反思，对人的未来的希望进行反思，甚至对整个人类社会、历史进行反思，才能获得一种使命感和责任感，也才能获得对人、对社会的理解。教师的工具理性给学生带来的打击和痛苦在伦理上是难以容忍的、不负责任的，也是批判理论所反对的。教师不仅承担传递人类文化的使命，也承担了对学生进行人格培养的责任，这种使命和责任不能仅仅从外在的规范与约束中来，更应该从不断的反思中得到提升并转化为进取与创新的原动力。

教师的批判反思主要表现在教师日常“有心”的行动中，是一种实践取向的反思，表现为“对实践反思，在实践中反思，为实践而反思”。教育反思可以用语言描述自己的行为和思考，也可以对自己的经验进行系统梳理，甚至对自己反思的方式进行反思，但教育者更经常做的是“在行动中反思，以行促思”。反思主要分为以下几个方面：教学反思的内容主要是分析、评价教学活动本身的利与弊，以及影响教学活动的因素；学生发展反思主要是分析、考虑与学生发展、能力培养相关的一些因素；教师发展反思主要是分析、考虑与教师自身发展、素质提高相关的一些因素；教育改革反思主要针对考试制度的改革、课程的改革、教育改革的实效性等；人际关系反思主要是指教师如何与学生形成和谐的人际关系等。一般而言，一个教师能够在这几个方面进行反思，应该说这个教师就已经具备了批判反思的基本雏形。毕竟，教学反思是教师成长过程中一种非常重要、有效的方式，反思可以帮助教师从习惯的教育教学行为中解放出来，对自己的教育教学行为进行反省，着眼反馈矫正，致力反省提升，使教师从感性走向理性，从无序走向有序，不断提高师德修养、理论素质、教育教学能力和教科研水平等，实现经验型教师向专家型、学者型教师的转化。

教学反思是促进教师专业成长的有效途径。随着新课程改革的逐步深入，教师的专业化发展越来越受到人们的关注，专家引领与各级培训固然必不可少，但教师开展自我的行动性研究却是内在的、自发的行为，而诱发教师行动性研究的“催化剂”则是教学实践和学习交流中引发的教学反思，对教学中具体问题的直觉反思是平时养成的反思习惯的基础。在此前提下，不断拓展教学反思的领域，逐步形成理性的认识和批判性的观点。通过这样由低级到高级、由感性到理性、由实践到理论的循环还复的反思，不但使教师逐渐成为新课程的实施者和探索者，还成为新课程的开发者和研究者，促进教师自身的专业化成长和发展。

教育反思有利于提高教师自身素质，促使经验型教师向研究型教师的转化。教师提高自身素质直接、更有效的方法是进行教学反思，各种培训仅仅是一个辅助性的“表演秀”而已。教师对自己的教学观念、教学原则、教学方法、教学手段等进行无情地解剖，自觉主动地进行自我批评，与优秀教师对照，找出差距，弥补不足，努力超越现实、超越自我，不断提高自身素质，有力地推动自己的成长、发展和成熟。教师只有明确自己需要反思的内容，不断地加强自己的反思意识，掌握一定的教学反思策略，才能实现自我的发展和提高。教学反思可以提高教师理论素养、教育教学能力、专业化水平等，对提高教师自身素质，促使教师从经验型向研究型转化具有不可替代的作用。

教学反思有利于新课程理念的落实。新课程改革要打破教师“穿新鞋走老路”的现象，教师首先应该反思自己的教学理念，经常进行教育理论的学习，在新课程改革中更要自觉研究课程理论的宏观发展趋势，领悟新课程理念的创新，优化自身的课程理论素养。只有这样，才能树立起以学生发展为本的观念，充分发掘学科教学的育人功能，促进学生在知识与技能、过程与方法、情感态度与价值观等诸方面得到全面发展，同时又关注学生的个体差异，做学生个性健康的促进者，使每个学生都得到最大可能的发展，使新课改理念落到实处。

第二节 教育批判对教师专业化发展的作用

批评性对教育的促进作用

教育不仅要传递知识，还要对学生进行道德、审美、价值观教育，要培养学生具有高远的理想和伟大的人生价值，是塑造人灵魂的伟大工程。因此，这需要教师不仅具有渊博的知识，还需要有批判精神，才能在教育过程中做到去粗取精、去伪存真，引导和培养学生具有批判精神，培养学生具有正确的价值观，从而从那些纷繁复杂的社会现象和知识中遴选出正确的有价值的东西供自己汲取和成长。

教育是通过文化的传承来培养新的社会成员的过程，使新的社会成员不仅能继承现有的社会文化，而且要能发展这一文化，以求不断地认识世界和改造世界，其具体的途径就是要将人类社会历史文化内化为个体的内在智慧，所关注的是理想个体的心理发展，而个体的心理发展是个体自身的自主建构与社会文化的外在引导共同作用的结果。

教育作为一种最主要的社会引导手段和方法，体现为一种价值引导，核心则是培养和塑造人的灵魂。认为教育是一种价值引导，则意味着教育是有目的和方向的；教师作为人类文化的代言人对学生的成长负有道义上的责任。价值引导主要体现为在教育中蕴涵着教育者的价值选择与预设，而自主建构则意味着受教育者是一个有自由意志、人格尊严的、自主的个体；受教育者的心智与个性是其在社会性交互作用活动中能动地生成的，任何外在事物的影响必须经过受教育者的主观理解才能变为他自己的经验。

个体注意什么和选择什么完全是在其原有经验的基础上决定的，这就意味着个体具有独立的、有选择性的评判能力，旨在发展个体的主体性人格与多元化个性。强调价值的引导，就意味着教育并不是要强制灌输，克隆出“千人一目”来；而只是提供一个可能的空间，让个体进行独立的判断与选择，从而使其发展自己的独特性。但教育的目的不能仅限于此，不仅要传承现有文化，而且还要创造新的文化和知识，故个体必须具有独立的评判能力，以便能够评价现有文化中什么是真实、有意义的和有价值的，而且更要能够评价其所创造出的文化是否有意义和价值。总之，自主建构与价值引导的对立统一意味着个体本身具有、需要具有、也必须具有批判性思维能力，正是这个思维能力在促进生命个体的专业化发展和不断成熟。

批判性思维之所以越来越受重视，根源在日新月异的信息社会里出现了太多鱼目混杂的现象，各种有资格没资格的人都可以发出自己的声音，各种炒作、推介、宣传等不断混乱人们视线，让人们的价值观、判断和选择出现偏差，故需要批判思维去理性地审视这个世界，因此，批判性思维能力的获得具有重要的现实意义。在现实生活中，如果离开了独立的批判性思维，就可能被现代信息的汪洋大海所淹没、被各种似是而非的解决方案所迷惑、被他人别有用心的谎言所误导。正因为如此，人们才把批判性思维列为未来社会的公民必须具备的五大技能之一，另外四项技能是处理信息的能力、解决问题的能力、学习能力以及全球意识，可见，批判性思维的地位和作用，在一个人成长过程和生活与工作过程中占据的重要作用。

没有质疑就没有批判，批判一般都是从质疑开始的，而怀疑是突破批判精神的先兆，也是实现创新的前兆。现代教师身处大数据时代，各种信息、资源层出不穷，日新月异，令人眼花缭乱，鉴于此，教师绝不能满足简单的“复制”与“粘贴”的生活状态，而是要有思辨能力、批判思维和创新品质，这样才能在平凡的教育工作中创造出不平凡的业绩。批判性思维与创新这两者之间是密不可分的，离开批判精神就无所谓创新，而创新则一定是在批判精神的指引下获得的必然结果。因此，在很大程度上创新思维和批判性思维在内容上具有一致性，相互作用、不可分割，不能把二者对立起来。

创新是创造社会财富的重要途径，批判性思维对创新的突破具有举足轻重的作用。在面对旧思想、旧观念和旧技术时，创新者要破旧立新，实现理论突破和技术革新，就必须具有独立思考、敢于怀疑的胆略；具有寻根到底的强烈好奇心和舍我其谁的高度自信心；具有不唯书、不唯上、只唯实的科学精神；具有善于批评和自我批评的勇气，实际上这就是典型的批判精神。没有批判精神的介入、驱动、引导和激励，创新意识就难以孕育成型，创新过程就不能启动并持续下去，当然创新成果也不能横空出世。相反，唯命是从、人云亦云的从众性思维，必然导致偏见成癖、独断专行的褊狭性，思想懒惰、因循守旧的刻板性，不仅没有批判精神和意识，还会对创新行为产生严重的阻碍作用。古今中外的历史证明，数以万计的发明创造都离不开创新者的批判精神，没有批判就没有创新，没有创新就没有社会的进步与发展。

教育者需要批判性思维，对各种现象进行正确的分析，才能在教育中做出正确的判断和理性的选择，才有益于生命个体的发展。目前教育界出现各种概念，各种教育理论和教育流派正在冲击着人们的思想，让很多一线教师无所适从，更无法适应。例如，前段时间非常流行的教育现象，从宏观领域看有减负教育、创新教育、高效课堂等，理论推行得轰轰烈烈，实践的结果要么“流产”，要么就是遭到质疑。从微观领域看有本真语文、真语文、微课堂、走班制等教育改革，最近又迅速崛起了“幕课”和“翻转课堂”等全新概念，不断更新一线教师的思维，引领一线教师不断“奔跑”，这样的改革大有取代以前的各种课改和教育概念。事实上，很多一线教师连前面的新课改都还没有弄清楚，结果又被某些专家和教育改革者以及媒体赶鸭子上架，又开始另外一种教育“实验”或者改革。其实，这都不一定是正确的行为，都需要每个教师对这些现象进行深刻的思维，结合自己的教育实践和条件，进行批判性思考，才能得出正确的结论，然后在自己的教学班级和学校进行有针对性的教育改革，像根一样扎下去进行深度的探索和创新，而不是朝三暮四、朝令夕改、人云亦云、随波逐流，否则，就会处于一种疲于奔命的状态，尽管是一种积极昂扬向上的生命姿态，但是很可能会失去思考，失去自我，迷失方向而毫无结果。

教师的专业化成长，仅仅具有学习知识、热爱教育事业、反思自我等行为是远远不够的，如果没有一定的批判精神和质疑态度，教师的专业化成长是难以获得实时性突破和发展。没有批判精神的教师，其充其量不外是复制品而已，不能真正进行创新，面对外界纷繁复杂的情况无所适从，更看不清发展趋势。很多教师读了不少书，但在专业化成长上并没有获得多大的发展，根源就在于这些教师缺乏批判精神，在阅读时完全迷信书本，丧失了自己的独立思考和自我意识。因此，批判精神是一个教师或者一个具有思想的人必须具备的品质之一，这个品质是生命个体自我成长和发展的巨大动力，没有这样的批判思想，教师是难以获得思维突破，难以获得更大的发展空间。

课程批判力与专业化素养

目前，课改已经深入人心，但凡有教育处皆在谈课改。那么，十年来课改成效有多大？2012 年《人民教育》第二期刊发了题为《十年课改的深思与隐忧》一文，不仅对十年课改进行总结，更多的则是探索十年课改进展不大的问题。国家对课改寄予极大的希望并鼎力支持，却事与愿违，原因不仅仅在于教师专业化水平和素养限制了课改的全面推进，更在于教师缺乏课程批判力和课程建设力，无法把握课改本质、无法领会教育本色，当然不能把课改向纵深方向推进。

教师的课程批判力是指教师对课堂教学生活中发生的课程现象和对课程中所蕴涵的价值观、理念及课程运作机制，依据自身理论和实践经验，做出价值判断，并在此基础上依据教学实际进行必要调整和改进的能力。一般而言，教师课程批判力包括教师发现问题的能力、教师立足于自身的课程理论基础和哲学思辨能力和分析问题的能力、教师解决问题并重新建构自己教学行为的能力三个方面，这三者是相互联系、不可分割的。教师的课程批判力呼唤教师的反思性思维和实践，要求教师有高度的批判精神和勇于面对课程改革的挑战，敢于质疑、敢于批判，敢于用自己的思想去“破解”自己在教育实践中遇到的各种问题，从而找到一条有效之路，高效之路。

课改需要教师对本学科教育发展乃至整个教育发展趋势有一个基本的了解，知道教育有什么目的，教育将朝什么方向进展。但事实上，很多教师没有这样的一种课程意识和能力，更多地表现为一种“从众性”，随波逐流，从未体现出自己的教育思想和课程思想；相反，很多中小学特级教师却具有较强的教育思想和课程思想，其不论国家是否推行课改、课堂都是不变的，从不追随这些时尚的潮流，因为他们总是走在课改前列，用自己的教育思想和理念行走教育，或者说是他们这些在影响、引领着教育改革和发展方向。这种“从众性”表现为两个方面：一方面，在思想上来看教师不明确课程改革的真实含义，更多教师在思想上体现为对专家意志和领导权威的被动接受，成为课程改革的消费者；另一方面，从行为上来看教师更多表现为表面性的教学行为的模仿，别人怎么做自己就怎么做，教师缺乏对自己教学行为的审视和思考，改革停留在表面化。教师的这种课程从众性导致教师缺乏对课程适宜性的价值判断，没有对课程进行取舍、改变、创造的能力，更多是模仿和机械照搬，改革流于形式，导致这个结果仅仅因为教师没有课程批判力。一旦教师具有课程批判力，就会成为改革中主动的学习者和创造者，就会焕发教师的课程意识，激发教师的创造能力。

教师对课程的批判必须要以教师已有的专业理论修养和实践经验为基础，经过教师理性思考，在此基础上发现理论上的应然与教学的实然相脱离的问题并予以适宜的调整，在创造性的改变中促进学生的发展，提升教育质量。当教师不再游离于课程之外，不再对课程改革持有强烈的疏离感，不再因为惰性而固守原有的教育轨迹，而是把课程改革看着提高其理论水平、完善其教育实践、促进其专业发展的机会时，教师才能真正主动参与到课程变革中去。只有当控制性教学逐渐消解，让教师充分感受到变革已经不再是一种于己无关的行为，感受到变革中自己的意义和价值，变革才能真正体现它的作用。营造积极的变革，这不仅有利于激发教师敢于直面变革的勇气，同时还可以唤起教师参与课程改革的激情。

教师要具备课程批判力，首先需要有一定的专业素养，其不仅包括教师专业理论知识素养，同时还包括教师的实际教学素养。一旦教师有了扎实的专业素养，就可以借助教育学、心理学、哲学等理论知识思考改革所带来的挑战，审视学生的具体学习行为，批判性的选择课程改革所带给他们的机会。与此同时，教师依靠扎实的教学能力，不仅能够在日常的教学中发现不足，还能够充分利用自己的机智在具体的教育情景中创造出一个个即兴作品，体现教学的创造取向，最终达到重新构建自己教育行为的目的。没有扎实的专业素养做后盾，教师就不会有问题意识，更不会有科学适宜的反思批判行为。教师只有以实践之所需带动理论之所思，才能明确如何进行课程批判，对课程的批判才有价值有意义，也才能真正体现课程批判力的回归。

教师对课程的批判并不意味着对课程的随意否定，而是以教师既有的理论修养和实践经验为基础，对课程进行认识和反思，发现课程可能存在的与实际教学需求相脱离的问题，并予以必要的调整。换言之，教师对课程的批判就是教师“通过换位思考和全方位的感知，站在他者的立场采取批判行动”，它不仅仅是教师对于课程现象、课程问题的感知与反省，还包括教师跳出既有的思想束缚，对自身的批判行为进行反省和批判。

康德指出“批判不是意味着对诸书籍或诸体系的批判，而是关于独立于所有经验去追求一切知识的一般理性能力的批判”。实际上，批判是对人现实生活作出反思，是通过人对于现实生活的自觉反省，在这种反省中发现生活的困境和问题，达到对现实生活较为全面的理解，据此实现对现实的超越。因此，批判的目的在于超越和构建，是主体以理性标准对自身现实生活的审查，是对自身的反思，故批判是一种反思性的思维和实践，是为了廓清对自己和对生活的认识，为了寻求对现实生活问题的解决和超越。

批判是教师的一种自我课程意识和创新能力。教师要具有批判意识和精神，这是教师专业化发展过程中必须具备的一种教育能力和素养，更是一个教师专业化发展的内驱力。一旦教师拥有这个批判能力，教师就能在教育的过程中从各种纷繁复杂的教育现象中走出来，拨雾见云，透过现象看本质，并能把握事物的本质。因此，表面看批判是一种质疑，甚至是对别人劳动成果的一种"挑刺"和"否定"，实质上是一种创新能力，一旦教师思维进入批判程序，则生命个体的创新就已经开始。从某种意义上说，批判就是创新的催化剂，是新事物诞生之母。没有批判，就没有创新，没有批判，就没有社会的进步和发展。因此，培育教师的课程批判能力，是教师专业发展的需要，也是课程自身发展和促进学生发展的需要。

从课程角度来讲，需要进行"超越实施"的课程变革，把变革作为一种生活方式。教育把变革作为课程活动的一种生活方式，意味着要认识到我们处于变革的时代，不能无视变革的存在，抵制变革的发生。就课程自身而言，变革时代的课程研究需要超越实施，要从关注实施到关注课程变革本身。超越实施，不是说课程不要实施，而是课程的实施需要从"忠实取向"走向教师与课程的双向互动，即从排斥拒绝的"忠实取向"中走出来，积极参与课程改革、研究课程改革、促进课程改革的发展。

教育管理必须尊重教师的实践立场，承认教师在课程教学中应有的地位和作用。尊重教师的实践立场，就是相信教师具有对课教学现象的感知、反思、批判能力，承认教师实践是其课程批判力生成发展的不竭之源。换言之，教师已有的实践经验和教师在实践经验基础上的反思性再实践是教师专业成长和课程教学改进的途径，是教师的课程批判力运用和生长的源泉。

郭初阳、蔡朝阳在当今小学语文界是两个耳熟能详的名字，这两个教师几乎都是以批判著称，其代表作有《救救孩子：小学语文教材批判》，他们的语文专业化水平和功底是非常深厚的，在小学语文界的影响力也是非常大的，甚至在某种程度上影响着小学课程改革和教材发展。这与他们自身对教育的批判意识和能力分不开。换言之，批判能力促使他们在专业化道路上不断飞跃，不断由普通教师向名师转变，由名师向课程专家学者转变。我们知道，《救救孩子：小学语文教材批判》是民间第一次对小学语文教材进行全面、系统的专题性梳理，从母爱这个特定视角来审视我们的教材品质，同时也彰显了来自教育第一线教师的专业素养和力量。这为教师如何使用教材提供了可资借鉴的范本，告诉青年教师教材并非不容置疑，教学也绝非教材全面合理化的过程。这就需要教师以平等的眼光来对待教材，以专业的眼光来审视教材，以敞亮的心态来对待孩子的困惑和疑问，而这也恰恰是诸多课堂存在问题的关键所在。《中国青年报》曾如此评价："语文除了讲授语言文学知识外，还是灌输道德观念、价值观念甚至生活意义的平台。现有小学语文课本的问题。不是它用道德'绑架'了孩子，而是很多观念、价值已经不合时宜，缺失一个现代社会所需的道德观念、价值观念。"可见，这又一次印证了叶圣陶"语文无非一例子"这个说法，这告诉我们在上课的时候需要有批判精神，对教材进行批判性使用，以教材为基础和以教材为圆心画圆，根据这个"例子"不断拓展自己的教学视野和范畴，不断提升学生的认知度和思维能力。

青年名师陈晓华对这个问题也有非常深刻的认识，认为自己的专业化发展也与批判精神有关。他曾在一篇文章中提到自己的专业化发展历程，称自己的专业化发展与当初编写某一个教材有关，尽管这个教材后来没有获得出版发行，但这次编写经历，让他对整个语文教材从宏观到微观上的认识都发生了翻天覆地的变化，很快熟悉了语文教学体系，不仅建构了微观分析能力，也建构了宏观的把握能力。无疑，这都与批判精神有关，故批判精神是一个教师专业化发展的重要渠道，中小学教师不能忽视这个重要的渠道对自身发展的作用。很多教师都是在这样的课程批判意识和实践中不断促进自身专业化水平发展。

批评性与教师的专业成长

教师作为人类灵魂的塑造者，应该具备一种不畏强权、敢于言说和勇于参与的批判精神，这种理性的批判精神和能力，不断地观察和发现教育生活中存在的某些问题和不足，结合自己的实践，做出有价值的批判和建议，不断地促进教育健康地发展。当然，作为一个教师，不仅自己要有批判精神，更应该为社会培养具有批判精神和能力的公民而努力，事实上，这两者是相辅相成的，一旦教师拥有批判精神，必然会在教学中贴近教育规律教书育人，培养健全的人。

一、批判型教师的批判

作为教师，必须具备批判精神和能力，才能不随波逐流，才能用自己的思想和意识去对待教材，去教育引导学生。事实证明，那些过于“膜拜”教材、教案和名师的教师，是不可能成为优秀教师的；相反，优秀教师必定具备批判精神和意识。

1. 对教育现象与问题的批判。教育领域中的社会批判主要指教师对于教育领域中现存的一切隐含权力关系或者形成常识的现象进行批判性的思考，并对其中一些不合理的现象进行积极主动的改善，以促使教育发展走向公正与合理。首先，教育批判表现为一种质疑态度，即教师应该对于任何现存的教育现象进行批判性的思考，探究其背后潜藏的不合理因素，并在自己力所能及的范围内力求有所改善。教师在批判中不仅可以促使教育的合理发展，同时也有助于培养学生养成一种质疑的生活态度，即不迷信一切已经存在的东西，一切都需要在自己积极主动地思考和探索中得到见证，从而消除教师和学生由于对未知现象的“无知”和对日常现象的“无觉”所产生的盲从思想。其次，教育批判表现为教师的一种批判精神，即从更广泛的视角对已有涉及权力、控制等不平等、不公正的各种教育假设、教育实践以及教育事件进行自觉的审视、理性的反思以及积极的改善。在这个过程中教师可以对权力压迫、性别歧视以及文化霸权等问题进行认知领域的解放，彻底改变人们由于习以为常而出现的认知领域的束缚，并通过自己的教育教学实践彰显一种不畏强权的批判精神，从而在思想和行为上摆脱一味顺从的惯性。

2. 对社会现象与问题的批判。社会领域中的教育批判指教师对于政治、文化、经济等领域中所出现的公共性事件以及所暴露出来的一般性问题进行具有批判意识和理性精神的自觉关注与价值引导。在这些问题中，教师尤其应该对那些深刻影响学生思想、学习以及生活的社会现象进行理性地认识与积极地引导。这类批判，一般教师很少涉及，是那些专门从事教育研究的教授学者们擅长的领域，而普通教师所能进行的批判主要在于教育领域中的社会批判。

3. 作为"教师"的自我批判。教师个体对自我的认识始终带有很强的道德意识，而建立于自我认识基础上的自我批判自然具有非常明显的道德取向。教师个体的自我批判是一种德性批判，是一种高层次的人格体现，是一种能力的体现，也是主体走向自我完善所必须具备的一种优秀品质。自我批判也不能成为个体的一种习惯或思维定势，教育主体、教育活动、教育对象都充满着复杂性，这种复杂性致使十全十美的教育实践活动几乎不可能。我们知道，微博说说和 QQ 签名是一个教师的晴雨表，反映这个教师最近一段时间或者这几天思考的问题、心理变化、内心声音等问题，观察微博和 QQ 签名就能看出一个教师的心理走向。最近一段时间，笔者仔细观察发现这样一个非常有趣的现象，很多教师都在不断进军修身养性这个领域，不断地超越和完善自己，甚至有教师还在修行禅宗。其实，这些行为都是教师在不断地进行自我批判和自我反思的行为，不断剔除自己性格和教育中一些不合理的因素，这也是一个教师专业化不断发展的一个足迹。

4. 作为"人"的自我批判。教师个体对教师职业的自我批判实际表现为对教师职业的认识、理解与反思，属于认识领域的问题。但这种对于教师职业的不断反思与认识却与教师的良心密不可分。没有教师良心的参与，教师不可能积极主动地思考和认识教师职业与教育教学实践看似没有直接关联的问题。实际上，职业观的不同直接决定着个体工作态度的差异，因此，教师对于教师职业的不同认知也最终影响到教育教学的活动质量以及教师的发展水平。作为教师的“我”的自我批判，实际上是指教师对于教师职业的理性分析、鉴别与批判，从而形成一种理性的职业观。在这个过程中教师所表现的自我批判是一种知性批判，它的目的在于促使批判者获得更多、更合理的知识以及由此提高其认识水平与能力。但是，正如知性批判的产生与教师的良心密不可分一样，知性批判的进程也深受教师德性水平的约束，其结果在丰富教师知识储备的同时也提高了教师的职业觉悟。

二、批判型教师的成长

批判型教师的成长实际上反映的是在外部环境的作用下教师主体积极与之互动并主动自我建构的过程。这一过程按照内外因互动的水平以及自我建构的自觉程度可以大致分为自发状态、自觉形成以及自由实现三个阶段。

1. 在自发状态阶段，批判型教师并不是横空出世的一类教师，批判型教师的出现与教师个体的主体特征有密切的关系。这种出于主体个性特征的教师批判仅仅是批判型教师成长的原初状态，其外部环境给予主体批判的作用仅仅表现为一种阻力，而教师主体给予这种阻力的主观反应不是漠视就是过激。消极情绪任何人都会有，但并不是每一个人由此都可以产生批判的意识和能力，只有那些乐观、进取的人对于任何事物都有极强感受力的人，才能够最终将不满等消极情绪体验化为一种批判的言说和行为，因为批判性思维需要有敏锐的感受力。一个真正具有批判意识和能力的人，一定是一个对世界充满希望、对自己的生活质量有较高期待的人，一定是一个对生活负责、对自己负责的人，一定是一个对自己所从事的职业充满热爱、全身心付出的人，因此，批判不仅是一种能力，也是一种品质。

2. 在自觉形成阶段，教师通过积极主动地书写与言说，来培养并着力体现批判型教师所强调的德性与正义的伦理追求，同时也在书写与言说中体现逻辑与思辨中形成的魅力并获得这方面的能力。在主体自觉完善的过程中，批判型教师得以成长并有望进入自由实现阶段。作为一个教师，能够传递自己声音的主要是课堂言传身教和课外“著书立说”，前者是在课堂上面对面进行对话交流、讲解，后者是以文字著作方式无声地表达自己的思想。课堂教学不仅体现一个人的教育风格、教育思想、教育素养，也能体现出教师对某些文化现象、社会现象、学生发展和教育发展等问题的基本态度，通过在课堂教学中潜移默化地传递自己的这些思想，体现出自己的教育指向和价值观，从而培养和塑造学生。很多教师会在课堂教学中与学生进行对话并产生碰撞，产生一些灵感，以及会在日常的教学生活中产生很多教育思想，然后写成一篇篇属于自己思想的文章，传递自己的教育思想，去影响更多的学生和教师，也形成自己的教育思想体系和教育价值观。这个过程，是一个自觉形成过程，是任何外在力量所不能替代的，需要教师主体内心成长和内驱力获得激发的情况下才能够主动地、积极地、不计较成本和得失地去上下求索。同时，这样一种教学模式和写作方式，会在一定程度上促进教师修养德性，不断地在阅读、学习和写作的过程中吸收外界的思想、反思自己，不断地提升自己的教育素养和人格修养、道德品质，真正实现“以教兴研，以研促教”的良性循环发展模式。如果说写作是教师与学生交往、与同事交往进而改善师生关系、同事关系从而有助于提高教育质量的一门技术或能力的话，那么书写则是教师与己交往、与己谈心从而提高自我认识、自我管理意识和能力进而改善教育质量所必须依赖的一条捷径。

从提高教师德性、改善教师道德生活的角度来看，书写对于普通的中小学教师具有十分重要的作用，旨在以提高自我素质的教师书写事实上也是一种批判性书写。批判性书写对于任何一个教师都是非常重要的。理想的批判性书写，无论是自我批判的书写还是社会批判的书写，其书写都是在一定的认知冲突的前提下开始的，其书写过程必然伴随着书写者对于自我认知水平与德性修养的双重审视，最终以书写者个人的认知弥合为结束。现在社会网络发展，很多一线名师都是通过课堂言传身教和课外“著书立说”这两种方式来实现专业化发展的，尤其是那些通过公开课和优质课成长起来的名师，以“现身说法”的方式在全国各地进行公开的展示，让普通教师探寻其课堂秘诀，但最终也会走上“著书立说”这条道路；还有一部分一线教师则是通过课外的“著书立说”方式成长起来，在外获得一定的知名度，获得自身专业化发展。当然，如果一个教师能同时兼备课堂言传身教和课外“著书立说”，这是最好的境界。

3. 在自由实现阶段，批判型教师的批判一方面借助于媒体完成形式上的自由实现，另一方面也将依赖教育改革最终走向实质上的自由实现。批判型教师的自由实现实际上反映的是教师主体性的不断张扬，是教师在自我认识、自我理解、自我确信、自我塑造、自我实现以及自我超越的生命运动中所不断接近的理想境界。在这个过程中批判型教师所表现出来的种种特性，是教师通过符号性学习和活动性学习而达到的存在状态和生命境界，是教师生命深度和广度的一种生动展现。而达到这种生命境界，能够追求一种批判的自由状态的教师一般具有以下特征，这种自由包括认识上的自由、情感上的自由、意志上的自由和行为上的自由四个方面。

批判型教师只有在知、情、意、行四方面都达到了批判所需要的自由状态时，才有可能实现自由批判的理想。换言之，当批判型教师能够随心所欲地批判性书写和言说的时候，他才能摆脱认识上“无知”、情感上“偏激”、意志上“顺从”以及行为上“盲从”的不自由状态，才能真正实现自由批判，才能贴近事物与现象的本质，达到批判的最佳效果。

第三节 教师的批判意识与批判技巧

2004年，《教师之友》杂志第一期刊发一组题为“那一代”的文章，对基础教育界久负盛名的“高山”级的名师魏书生、于漪、钱梦龙展开全面“清算”，并把批判的矛头直指名师背后的思想背景。这次讨论和批判针对的不是三个人，甚至也不是“那一代”，批评的是名师身后赫然站立的精神背景。这是自1997年（《北京文学》组织的那次语文讨论）以来规模最大、最深刻的一场讨论。

这是两次影响巨大的批判，其对社会影响是巨大的，而对于批判者本身也在批判过程中获得新的认知，获得新的发展。因此，“这一代”教育人在批判“那一代”的时候，本身就是对“那一代”教育的一种质疑、反思，而这样的反思和批判是建立在对“那一代”教育全面把握、深刻追问的基础上进行的一次理论大探讨，能进行对话和探讨，这本身已经证明“这一代”在批判思维中获得了发展。

当然，新生代在吸收“那一代”以及传统教育的成功经验基础上，不断地创新乃至革命，在新时期与时俱进，践行贴近教育规律的教育，呼唤回归本真的教育，这样的反思和批判是非常必要的，这样的践行和思考更是非常可贵的。当然，新生代也在批判“那一代”的基础上站立起，在批判的同时也彰显了新生代的教育思想和基本的教育价值取向，展示出新生代的教育品质和教育思想。

一、现代教师要具备批判的意识

现代社会，随着社会不断进步和人们生活水平的不断提高，对外界接触和认知的范围也越来越广、法律意识和自我维权意识也越来越强，这对教师教育提出了更高的要求和更严峻的挑战。教师不仅要兼顾教育培养学生的问题，还要兼顾各种社会问题，这就需要教师在教育教学的行为中养成理性的思考习惯，对某些出现的现象不能盲从，要用自己的理性分析、批判性思考，才能找到或者切合教育的规律，不至于背离教育规律，否则，就会出现违背教育教学规律的行为。

当前，各种教育流派林立，各种教育思潮、教育现象和教育改革充斥着人们的视野，除了一些国家政策性的因素外，其余的一些非官方的教育改革和思潮，需要教师个体对这些教育现象进行辩证地分析，不仅要观其“历史渊源”，还要探究其本质、内容、可行性和对未来发展的基本预测，这样才避免自己走入随波逐流、人云亦云的局面，才能让自己不盲从，而是坚持自己的教育思想，朝自己的目标毫不动摇地走下去。因此，批判意识和思想是给自己教育方向保驾护航的重要保障，引导自己正确地前进，不迷失，不盲从。

二、批判思维与智力、信息和逻辑思维的关系

我们讲批判性思维，首先需要弄清楚三大关系，唯有弄清楚这三者之间的关系，才能激发生命个体的批判热情，才能解开个体心中的结，有效促进批判精神和品质的不断发展。

第一，要正确认识批判性思维与智力的关系。批判性思维是以人的智力为前提，但并这不等同智力，换言之，有高智商的人不一定就有批判性思维能力。一个智力有缺陷的人固然无法进行批判性思维，但一个智力高的人也未必擅长批判性思维。实际上，不仅批判性思维不能直接等同智力，就是人的所有思维也都不能直接等同于智力，这意味着智力高的人有可能表现出聪明，但不是睿智。因此，高智商的人有智慧，能够进行思维，但不一定就能够进行批判性思维。同时具有高智商又能具有批判性思维，这是最好的结果，但事实上，现实生活中能够做到完美结合的不是很多。作为思维个体，没有高智商和高学历并不可怕，只要善于观察、善于思考，具有发现生活的眼，就能进行批判性思维，就能在生活的过程中培养自己的思维，并不断地生成智慧。

第二，要正确认识批判性思维与信息的关系。现代社会是一个信息高速发展的社会，捕捉信息能力越强，就越能促进自己的发展。一般而言，信息不能替代思维，思维同样也不能替代信息。信息是思维的材料，思维是为了获得更多的信息。批判性思维总是以一定的思想观点为参照框架的，而这些思想观点总是以专业领域知识为基础的，熟悉领域知识最有助于批判性思维的进行。但是，具有专业领域知识并不自然就具有批判性思维能力。一个医学领域的专家不太可能对建筑领域的问题提出深刻的批判性的见识，但现实中各行各业的专家和名人们都喜欢对教育进行不断的批判，并在一定程度影响着教育的发展。

第三，要正确认识批判性思维与逻辑思维的关系。批判性思维和其他任何思维一样具有很强的逻辑性，即批判性思维首先是一种逻辑思维，同样需要归纳推理和演绎推理。但是，批判性思维又要高出逻辑思维，主要表现在批判性思维更关注事物的本质和真实性，更关注思维的精确性、意义和价值，更强调思维的见识性和思维性。

三、现代教师批判的基本立场

教师要能够在教育中进行一些批判行为，除开具备一些批判的知识，更需要有一定的批判技巧，这样才能让自己的批判具有公平公正性，能够真正站在一个公正的立场批判，不带有任何感情色彩，不影响结论的正确性和公正性，否则，这样的批判行为就是一种“谩骂”和“诋毁”而变得毫无意义和价值。一旦批判行为具有公正性，也就具备了“预测”功能，并能在此思想指导下做出一些“自我救赎”行为，做好自己的教育。

1. 批判性思维不能诋毁他人陈述。批判性思维首先必须正确而又理性对待他人的观点，即使对方观点错误或者偏激也不能诋毁他人陈述的内容，更不能进行人身攻击，否则就容易演变成泼妇式的骂街行为。优秀的教师实际上最擅长批判性思维的一个方面就是不诋毁别人，能正确看待和处理别人的言论。

2. 批判性思维要以开放的心态接受他人观点。一个人要想批判他人的言论，首先要以开放的心态接受他人的观点，不论这种观点是正面的还是反面的，都需要接受，唯有接受才能真正从本质上去认识这种观点，才知道这种观点的优势和不足，从而为自己的批判找到一个正确的方向。一个人一定要有坚定的信念，如果连承认自己缺乏信念的勇气都没有，那将是一件十分可怕的事情，也许这就是为什么我们教导自己的学生，让他们觉得挑战某种设想或信念是一件很酷的事情。因此，一个人宣称自己想反驳某种观点，就要坚信自己具有去伪存真的能力；一个人宣称自己善于接受，乐于学习，就要具备开放的心态以便能够接受某种观点，尽管这种观点可能很快就会被解构或只是被嘲弄。

四、现代教师基本的批判技巧

我们知道，一个人有知识并不意味着这个人就有智慧，同样，一个人有知识也并不意味着他就具有批判能力和创新能力。这即告诉我们，批判能力虽然和知识有一定关系，但没有渊博知识的人同样可以具备批判能力，这是一种融知识、人生经历、社会阅历和自我价值观而生发的一种能力。

批判性思维技能主要包括抓住中心思想和议题，判断证据的准确性和可靠性，判断推理的质量和逻辑一致性，察觉出那些已经明说或未加明说的偏见、立场、意图、假设以及观点，从多种角度考察合理性，在更大的背景中检验适用性，评定事物的价值和意义，预测可能的后果这八种方式。作为普通教师，如果我们要培养这种批判思维，应该从什么地方入手？这是很多人关心的问题，也是本书的落脚点。如果我们从化学的角度去认知这个问题，那么创新思维能力同批判思维能力就是思维能力的同位异形体，是一个事物的不同的方面。很多人都知道创新能力的培养，一个重要的方面的就是逆向思维，而事实上，科学史上很多的发明创造，都是通过逆向思维获得，因此，教师要培养自己的批判思维能力，不妨先从逆向思维入手，这是培养批判最快最直接的方法。

我们知道，批判品质在思维活动中能产生巨大的影响力，关键在于主体要达到他人所未觉察的敏锐和别人所不及的深刻。这样的敏锐和这样的深刻在思维训练中有赖于反向思维的参与。

第一，反向思维有助于主体保持思想上的冷静和独立，尤其当某一观点成为大家的共识、当某一现象已经使大家熟视无睹、当某一行为演变为主体的潜意识等的情况下，反向思维可以帮助主体挖掘这些平常化的观点、现象以及行为背后的不平常，从而引导自己不断地展开思维程序，不断地创造，不断地探寻事物的本质，找到问题的真相，让自己不迷失、不盲从。

第二，反向思维有助于主体客观、完全地认识世界。世界的复杂性和教育的丰富性要求人类尤其是教师必须具备反向思维。只有这样才有可能最大限度的避免将世界单一化、将教育平面化。否则，社会上一旦出现一个新事物，人们就会不假思索地蜂拥而上，不辩证地思考，甚至出现了错误还不自知。比如，前几年出现的高效课堂，很多学校、教育研究者都认为这就是解决当前中小学教育的灵丹妙药，事实上，最近几年发展证明并不是这样一会回事；最近一段时间，“幕课”来袭，很多人包括大学校园内也“心动”了，以为这又是一颗药到病除的灵丹妙药。真实情况如何，需要对“幕课”进行从历史源头、现象、适用范围等进行追本索源，否则，很容易迷失自我。

第三，反向思维是个体避免行为和言语错误的矫正器。反思、内省、自省、自我批评等都是典型的反向思维活动，而这些活动都有一个明显的作用，那就是矫正个体言行或者思想上的错误与不足以达到主体自身的完善。正如孔子所云：“内省不疚，夫何惧何忧?”教师的反向思维对于教师主体成长和发展都有十分重要的作用，而天生善于反向思维的教师容易成长为批判型教师。

总之，批判要坚持自己的合理观点、认同别人的合理观点、宽容别人的不同意见、放弃自己的某些观点、达成基本一致的意见，唯有坚持这样的批判，唯有坚持理性的批判思维，不带有任何个人偏见，才能真正通过批判看到事物的本质，才能真正促进事物的发展。

实 践 篇

第一节 教育要敢于向新媒体说“不”

——对社会现象与问题的批判

教育要敢于向新媒体说“不”

当今的社会已经进入一个知识经济、网络信息日新月异的新时代，各种新知识、各种信息在各种媒体铺天盖地而来，尤其是微博、贴吧、手机短信等新媒介，以不同的方式影响并改变着人们的生活、工作、思想，甚至是人生的发展。如果在网络时代，一个人没有一个良好的新媒介文化素养，不能正确辨别、分析、使用这些信息，很可能就会被这些媒介和各种新思想淹没，甚至失去自己的本真。

一、学校要积极引导学生正确认识新媒体

新媒介，主要指网络论坛、微博、贴吧、手机短信等，其以强烈的互动性消解了信息发送者与接收者之间的边界，并以其信息更新的高速度以及内容共享的丰富吸引着社会大众及学生群体，冲击着民众的大脑，让民众降低了思考的能力，甄别能力，以至于迷失自己。

现在，网络、手机、微博成为一种公开的言论平台，甚至像《非诚勿扰》这样大型的节目，在最初播放阶段，很多女嘉宾的言论让人不堪入耳，诸如“自己宁愿坐在宝马车里哭，也不要坐在自行车上笑”的言论，并被美其名为拜金女，而这样的拜金言论对未成年女性的价值观是一种错误的引导。再如，最近几年网络和新闻不时传出“艳照门”，女星不仅不因为这些事情受到谴责、或者事业受到影响，反而是如日中天，越来越红；于是乎，像干露露这样的女性，干脆就直接暴露自己的身体，在娱乐界红得不亦乐乎；于是乎，现在很多女星，穿的衣服越来越暴露，目的只有一个，让自己成为焦点，让自己红，让自己能赚更多的钱和事业，至于对青少年成长和社会环境，则从未考虑。如果教育对青少年学生不做正确的引导，青少年学生就会被这些错误的言论所影响，甚至走上歧途，荒废自己的学业。

笔者曾看到《重庆晚报》报道过这样一个新闻：一位有着三年“从业经验”的“资深水军”介绍，以前的“网络打手”一般是在帖子里诋毁、谩骂，现在的手段逐渐高明，有时也反其道而行之，故意说竞争对手好，但采用比较夸张的写法，引起人们的反感。“资深水军”还介绍，他们在不工作时，往往会参与公众话题的讨论，提升自己在论坛中的名气和话语权，成为“草根”领袖。可见，很多网络新闻和论坛文章，不一定是真实的，我们要积极引导学生正确认识、辨别真伪，千万不要太相信某些新闻，尤其是娱乐新闻，只能当成饭后茶余的调料，看后一笑而过。

最近几年，有关部门举办评选感动人物等各种形式的活动，其目的旨在表彰这些人可歌可泣的精神，以此在社会上树立一个榜样，影响和引导更多的人勇于奉献，让爱心在神州大地遍地开花。这样的评选和表彰，对于一些成年人、或者对一些有新媒体素养的人来讲，是能够正确对待这些事情的；但某些群体，尤其是那些未成年的青少年，如果没有这样的新媒体素养，很可能就不知道自己应该怎样做，甚至采取简单的模仿行为，给自己造成损害。

学校作为学生成长的主要阵地，不仅仅需要传授知识，让学生圆梦自己理想的大学，更要在这个过程中给学生人生规划、行为习惯、价值观、道德品质、心理素质等非智力因素的培养，让学生真正成为一个有用的人才。

二、学校要积极引导学生正确面对新媒体

2009 年，发生“长江人链”事件，一些人获得了感动中国人物荣誉。很多人都知道他们的行为，并为他们的精神所感动，认为自己在生活中遇到同样的事情也应该这样做，也应该让这样的精神得到延续。2011 年 4 月 26 日中午 12 时 30 分许，六安老淠河畔，9 名男生骑着自行车，一起到老淠河段河埂的沙滩上玩耍，有几名同学卷着裤脚到了浅水区。不久，有人掉进深水区。在附近的郜冬、张义虎、文鹏、张克奥等四个同学因不太会游泳，只能手拉手在到河里救人，一步步往深水区走，结果全部掉到深水里了，牺牲自己年轻的生命，也未能救起落水者。

张克奥、文鹏、郜冬、张义虎这四个孩子的生命就这样消失了。最近几年，像他们这样失去性命的青少年学生有很多，不再赘述。作为学校和教师，我们不能拯救已经逝去孩子的宝贵生命，但是，我们可以防患于未然，避免以后发生类似的悲剧，拯救其他孩子的生命！

每一个教师、每个学校、新闻媒体、舆论宣传，甚至领导部门等要对孩子进行正面的教育引导，否则，悲剧将会继续产生。其实，最近几年，我们看到这样的案例非常多，几乎每年都有很多青少年学生因为做这样的事情而让自己失去生命。当然，我这样说并不是说孩子们不要去见义勇为，不要去献爱心，而是要在自己力所能及的范围之内，用一种恰当的方式去做，否则，到时候不仅不能拯救别人，反而还会搭上自己的性命，毕竟，每个人的生命都只有一次，每个人的生命都是可贵的，青少年学生在拯救别人的同时，首先应考虑的则是自己的生命安全。

我们在肯定和弘扬这种精神品质的时候，更多的还需要批判他们这样的行为。因为，某些媒体在弘扬爱心的同时，并没有对青少年学生进行正确的引导，告诉青少年学生应该在什么样的场合采取什么样的方式去做，哪些事情该做，哪些事情不该做，怎样做才能把事情做得更好。但是，恰恰这些最重要的东西，新闻媒体只字不提，因为，他们此时此刻要的仅仅是宣传热点、以热点带动自己点击率、发行量，至于其他东西和长远的东西，对于他们而言，都是无关紧要的。

因此，对这样的行为必须进行批判，这样的行为不批判、不制止，就会有更多的青少年被这种行为所误导——没有能力却要去拯救别人，其结果不仅不能救人，还会让自己遭到无谓的牺牲。如果媒体没有这样做，作为一个教师尤其是班主任教师或政治教师，一定要给孩子们生命教育，让孩子们知道哪些事情该做，哪些事情不该做，哪些事情应该怎样做才能做得更好，落水者的生命可贵，但救人者的生命同样可贵。要让学生正确认识这个问题，正确面对这个问题，遇到此类事情要有一个理性的认识；否则，学生就会盲从，并在盲从中迷失自己。

三、在新媒体面前要有所为

1. 建立一套有效的管理机制

学校的教育对象是学生，是一群有自己思想和灵魂的学生，而青少年学生在成长过程中有很多思想、行为不成熟，自控力比较弱，这就需要学校建立一套有效的管理机制，积极引导学生正确对待这些新媒体。

很多学生喜欢用手机 QQ 聊天、发微博、玩小游戏等，这些活动甚至在一些学校的课堂上出现，教师上边讲得天花乱坠，学生下边玩得不亦乐乎。这就需要学校对手机、学习机等进行有效管理，否则，到时候不仅影响学生学习成绩，还影响学生身心健康，甚至让学生价值观产生偏离。

2. 学校要对学生进行正确的价值观教育

网络、娱乐界现在层出不穷的一些花边新闻，一些女星通过傍名流、裸露身体在娱乐界和网络上“红得发紫”，让很多梦想通过这样的途径获得自己人生价值的青少年学生癫狂。作为学校和教师，应该对学生进行相关的教育引导，引导学生正确认识偶然成功的几率以及成功只能靠勤奋和智慧才能换得；引导学生正确看待娱乐界的新闻，让学生以平常的心态去对待，而不是羡慕，甚至为了达到某种目的而不择手段。

3. 学校要对学生进行生命教育

每个人的生命都只有一次，每个人的生命都是可贵的。当别人有危险需要我们救助、帮助的时候，献出爱心之手是必需的，这是中华民族的美德。但是，作为中小学生必须量力而行，学校要教会学生不仅要勇于去帮助别人，更要教会学生在遇到这些应急问题的时候应该怎样做，哪种情况可以做，哪种情况不能做，怎样做才能做得更好，怎样做才能既能拯救别人又能保护自己的生命。学校必须对学生进行这样的生命教育，而不只是看新闻媒体宣传的，只要有需要我们救助的就不顾一切的去救，这样不仅不能救别人，还让自己失去宝贵的生命。

当前，在日常教育中，学校除了做这样的教育引导之外，还要教会学生救助别人的方法、技巧，否则，只会鼓吹奉献爱心而没有拯救能力，那只能是天方夜谭。因此，学校开设游泳课、武术课、消防知识演练课等是非常必要的。

网络教研要动静结合

教师是教育最重要的人力资源和保障，这是加强和提高基础设施所不能比拟的，毕竟，教师的教育素养是一个活的教育元素，而基础设施等教育元素相对而言是一些“死”的教育元素。教师的教育具有灵魂和创造性的元素，而基础设施则仅仅是一些呆板的元素，且这些元素教育性发展的程度是由教师素质的高低决定，因此，教育要发展，首先要促进教师专业化发展，提高教师的教育素养，才能实现教育的最大化。

当前的教师专业化发展已经由实体的教育培训开始走向网络教研，尽管这样的教研方式是一种自发的、民间的教研方式，但事实上已经成为教师专业化发展的重要手段和有益补充，走出了常规教研模式局限，探索出一条比较有效地促进教师专业化发展的道路。

一、网络教研的特点

1. 自发性与组织性相结合

网络教研最初是以自发性与组织性相结合出现的，尽管表面看似无组织性，但很多这样的教研都是以某些大型门户网站或者教育杂志为依托建立并不断壮大的。当各地零星的用户有选择地进入这些网站，并且进入后都会紧紧围绕这些网站或者杂志教育理念进行自己教育思想的交流、碰撞，一旦某些网站与自己的教育理念和思想不相符合的时候，这些教育个体就会离开或者淡出这些网站，另行选择适合自己教育发展的地方，找寻适合自己并能促进自己专业化发展的地方。因此，从这个层面上讲，这种表面上看似无组织，却又是有组织的，是一种自发与组织性相结合的，且这两者在进行相互选择、相互促进。这表现在某些教育个体借用这些平台获得了自身的发展，而这些平台也因为这些教育个体的存在而更加活跃，人气指数更高，知名度更高，获得关注和参与度也越来越高。

2. 非目的性与目的性相结合

每个能够进入教育网站、各种杂志建立的网站与编读交流群、以及各种教师自行建立的研讨群的教师，一般而言，这些教师都是热衷于教育、喜欢教育、对教育多少有一些自己的思想和理解，并希望在这些平台来认识一些能够帮助自己专业化成长的名师，或者认识一些编辑能够赏识自己的文章和思想，给自己提供一个展示平台。表面看这些教师都是随意进入这些平台、看看帖子、看看别人说话，感觉毫无目的可言，其实都是带有一定目的性的。此外，现在网络上有不少一线成长起来的名师利用 QQ 群里面的视频会客厅和聊天功能，组织一些民间专家，定期在群里开展交流研讨活动和专题讲座，以这样的方式让很多年轻教师获得发展；也有一些普通教师模仿这种方式，邀请一些名师做讲座或者自行进行一些话题研讨，以提升自己的名气；而很多普通教师也想通过这些方式获得自身发展。这些方式都是有目的性的；否则，这样的活动是不会获得人气指数。

3. 实体性与虚拟性相结合

网络教研，表面看都是一些虚拟的空间，大家都彼此不认识，但实际上这样的方式比一般的实体讲座和教研方式更有效。一般的实体讲座普通教师很难有说话机会，更没有和名师对话的机会；普通的教研也是如此，普通教师一般只有听的份，很难参与进去，都是一些有话语权的人在掌握场面。但这些虚拟空间不一样，普通教师可以在群里或者视频会客厅里自由发表自己的演说，也可以和一些名师进行对话或者私下进行交流，只要你有足够的真诚，没准还能结识几个名师为好朋友，在自己专业化成长道路上给予自己指点和帮助。因此，这是一种实体性和虚拟性相结合的方式，这种方式具有实体性教研所无法企及的优势。

二、网络教研存在问题

网络教研具有实体教研无法企及的优势，但这并不说明网络教研没有任何弊端。网络教研也存在各种各样弊端，阻碍着网络教研继续发展。

1. 网络教研处于低水平发展状态。网络教研表面看似热闹，其实质并没有获得多大的发展。笔者发现很多民间的网络教研，尽管这些教研都是自发的且免费的，但很多教师在进入 QQ 群和视频会客厅时，都是同时参加几个群、甚至还在做别的事情，仅仅以这种方式进入这个团队或群体参加一些活动，学习和研讨的效果不好，很多人仅仅是“挂”在那里做别的事情去了，偶尔出来冒一下泡。对于那些官方组织的，或者收费，或者不收费，也仅仅是管理部门为了完成上级交代的任务，赶一下时髦但并无多大实质性收获。

2. 网络教研的质量有待提高。很多老师参加互动的功利性，导致研讨仅仅是一种虚假的繁荣景象，并没有获得多大实质性的进展，真正获得发展的也仅仅是少数一分部人，那些带有某种其他目的的人则几乎都是处在面上。因此，这种活动表面看这些团队或组织都在进行纪律考核、参与情况考核，实质上没有起到多大效果，甚至对于大多数教师而言，仅仅是一种形式，对专业化发展并没有起到多大促进作用。

3. 严格上讲网络教研谈不上教研。网络教研仅仅是一些与教育教学有关的活动而已，还没有多少地方涉及到教研。我们知道，教育研究要以课题的方式进行，哪怕是最近一段时间出现的小课题、微课题等都应该以这样的方式进行，但网络这种活动更多的则是一些讲座性质或者聊天性质，对组织者和少数学习者而言这是一种研讨互动，但对多数人而言仅仅是一种面上的热闹。很多人讲网络教研非常好，甚至在吃饭、做公交车、打的、洗脚、躺在床上时都能和对方进行交谈，其实，这不是教研，仅仅一种闲聊，只不过是和教育有关的闲聊。

教研需要静下心来搞些东西，那些轰轰烈烈的活动都不算教研，这让我想起了 2007 年我和钟发全开始写《校长潜规则》课题时的情境，每晚 7 点准时电脑前见面，先商讨主题、确定内容，然后开始各自的写作部分，写完后相互给对方看并相互修改，最后在讨论不足之处、需要提升之处，然后再合作一字一句地推敲，最后定稿。我不知道这算不算一种教研方式，反正，在通过这样一种合作研讨和写作方式后，我们在写作上都获得了提升，对教育有了更深刻的认识，而这些文稿最后都在好几个杂志上连载，最终以《校长原规则》为名获得正式出版。因此，一种教研活动，既要有活跃的讨论气氛，又要有平静的沉思和升华，这才能是研究；否则，仅仅是一些热闹的场面而已。

4. 网络教研开始走入功利性。其实，任何形式的活动，从人的本性而言，都是有针对性和目的性的，尽管很多人口头上说的是公益性，其实质是有目的性的。这就像现在很多大学生参加志愿者活动一样，尽管这是公益的，但很多人却会在日后把这些活动作为自己的“政治资本”，作为自己成长的垫脚石。如果很多用人单位能对志愿者和非志愿者一视同仁的话，我相信参与志愿者活动的人会锐减甚至根本就开展不下去。同样，很多人参与民间的网络教研就是想以此提高自己的地位，把自己变成“名师”、“名人”，或者获得其他一些利益。这样的情况在目前的网络中比比皆是。因此，功利性阻碍了网络教研的进一步发展。

三、网络教研再发展的基点

1. 教师要善于在静中谋求学习

所谓静，就是指教师要有一个淡定的心态，抛弃一切浮躁和急功近利的思想，不要才开始走进网络就想获得发展，那只能是痴心妄想，除非在此之前你已经完成了知识积累。任何方式的教研，都仅仅是一些形式而已，在活跃热闹的活动场所背后，更需要一种静心修炼心态，这是每个个体发展必不可少的环节。那些真正长期热衷于网络讨论和网络热聊的人，是不会获得多少真正发展的，仅仅能证明其“我在”，却不能证明其“我思”、“我行”，更没有多少属于自己实质性的内容和声音。

网络是一个开放的平台，里面的资源对于教师而言几乎是取之不尽、用之不竭，而且很多资源都是自由使用，关键在于教师个体愿不愿意利用这些资源，是否善于利用这些资源，有没有发现这些资源。一旦教师有这样的一个认识和感悟，网络资源就成为了自己的私家图书馆，为我所用；相反，如果教师个体沉迷于某些所谓的研讨活动的热闹场面，而没有一颗真正要求学习的心、一颗安静学习的心，尽管这些资源很好地存在于此，也不会成为其专业化发展的重要环节和部分。因此，网络教研的真正目的不仅仅在于参加一些活动，更重要的是通过这些资源进行一些有益的学习，补充自己的不足，再适当配合一些研讨活动，这样才能真正提高自己的素养，才能真正让自己借用网络资源获得第二次学习和发展。

2. 教师要善于在动中谋求成长

所谓动，在学习的同时要善于发出自己的声音，要看到自己的行动，而不仅仅是临渊羡鱼。网络不仅仅是一个供人学习的场所，更是一个供人发展的场所，这就需要教师个体在学习的同时要善于发出自己的声音，用自己的思想去思考教育。网络，就像现在的《星光大道》一样，只要你有足够的勇气和实力，都可以报名参与，都可以在这个开放的平台上融入自己的教育理想和人生。因此，每个教师个体在学习的同时，更多的需要参与。我们常说“教研互长”，“以研促教，以教促研”，即教师要把自己在教学过程中形成的各种思想、想法写出来，利用网络中各种报刊和网站提供的发表机会，积极参与这些媒体约稿或者常规投稿，通过刊发自己的文章和思想来促进和提升自己的网络兴趣，激活自己参与的热情和积极性。一旦教师教师真正参与进去了，真正在思考教育教学问题了，就能利用网络中的各种资源进行学习和思考，就能把自己思考的结果变成自己的教育理念、变成自己的课堂行为、变成文章等，不管最初这样的文字能不能刊发和得到别人的认可，但这些努力和积累最终必将促进教师的专业化发展。目前，像这样利用网络走出来的一线教师太多了，其就是充分利用了网络这个开放平台的基本特点，为自己所用。

3. 网络教研要做到动静结合

不论是网络教研也好，还是实体教研也罢，都需要做到动与静的完美结合。只有静态的学习，即使学习再多，也仅仅是现代的移动硬盘，毫无价值；如果仅仅是动而无静态的学习，短时间还能够应付，但时间久了就会暴露其知识的不足、不深、不广，就会逐渐走入“高原”状态，甚至迷失自我。因此，教师个体真正想要利用网络促进自己的发展，在网络交流和交往中获得发展，必须要好好把“动”与“静”做到完美结合，既不能静如止水，也不能动如脱兔，而是要相得益彰、相互促进、相互弥补，这样才能让自己在网络交流中既有冷静的思考和学习，又有豪情四溢的释放，让自己获得不断的成长。

4. 网络教研要做到个体与团队结合

网络是一个神奇的虚拟平台，这里能够创造很多意想不到的神话。因此，网络交流和学习，既要做到个体独立性，坚持自己独立行走，不要随波逐流，更不能羡慕嫉妒，而是要学会坚守属于自己的东西、属于擅长的领域，千万不要顾此失彼。在坚持自我原则的同时，还要依托各大网站、群体机构，积极参与这些团队的各种活动，不断地促进自己的发展。比如，现在教育领域内出现了好几个大型的民间性质的团队，都是通过组建 QQ 群并利用自身的和吸引来的资源扩大自己的知名度，促进自己的专业化发展。对于这样的团队活动，要选择性地参与，但不能过多、过滥、过泛；否则，就会过犹不及。因此，网络教研对于个体而言，需要做到个体发展与团队发展的有机结合，这样才不至于让自己游离于某些圈子之外，失去很多学习成长的机会。

“北京人大学”公开向教育公平宣战

2013 年有一天，一个来自河南的公民在北大西门搞行为艺术，抨击北京高考生享受太多特权，希望有更多的公民行动起来，向教育不公平说 NO。围观路人还送矿泉水，活动完毕，北大保安表现出北大应有之精神，纷纷握手、留影，以示支持。另外有几个来自河南的学生，来到位于北京西单附近的教育部，给教育部部长送鸭梨，提出：“希望帮他们分担压力，取消高考户籍限制，提高外省录取比例。”结果鸭梨被委婉拒绝。

河南几位学生的行为艺术，公开向地方教育保护主义宣战。的确，现在外地学生考北大清华，至少要高出北京人 100 分以上，同样的中国国籍，外地考生却出现这样大的差异。如果说像藏族等少数民族学生升学考试，这样减分还有情可原，但北京户口却在全国人民面前有这样大的优势，难怪会激起学生们的愤慨，公开向地方保护主义宣战。曾在北大门前踩着高跷抗议高考不公的程帅帅说："我看到学校外的榜单，今年北京文科'一本'线495分，照这分数我第一年就能上'一本'了。"但事实上，他经历了两年复读，才只考上北京一所"三本"院校。这就是差距，这就是户籍的差距，也是地方保护主义的差距。

每年外地考生要想上北大清华，都要高出北京学生100多分才有资格被录取。于是，才出现"吊瓶班"这样中国当代教育上闹剧，尽管这样的班主任和校长值得批评，但是，如果这些学生能够和北京学生一样具有优秀的升学条件和资格，我想，没有哪一个学生愿意这样做，没有哪一个班主任愿意这样做。他们这样做，目的只有一个，背水一战，以一年的辛苦换来一个好大学，甚至是一个好人生。

我曾听过一些老师说，北京学生之所以能够享受比其他地方低很多的分数考取全国一流名校，就因为其综合素质好，人家北大现在看的不仅仅是分数，更看重的是学生的综合素质。听到这样的话，我感到非常可笑可悲。我敢说中国各个省市的校长，他们搞的素质教育不一定比北京地区搞的素质教育差，他们培养出来的学生没准升学分数又高综合素质又好。之所以他们不能全面推进素质教育，也不敢这样做，理由就是分数束缚了他们的手脚，他们唯一能做的就是凭借提高分数来和北京地区学生拼高下。

钱学森曾提出来的震惊中国教育界的一句话：中国为什么培养不出创新型的高素质人才。我想，地区教育不公平就是一个阻碍这个问题的重大的毒瘤。曾有人考察过恢复高考以来各地高考状元大学毕业后发展状况，都认为这些状元没有发挥应有的后劲。为什么？我想，不是这些状元没有创新能力，而是应试教育磨去了他们的锐气。如果他们在学习的过程中能有北京地区考生那样的轻松环境，他们的这些锐气、灵气、创新的思维等就不会被应试教育所抹杀。因此，为什么培养不出高素质人才，根源不仅仅在应试教育上，还在地区教育制度不公平这个问题上。相反，有人考察过北京地区考生毕业后的状况，得出一个结论：这些学生毕业后发展的情况比那些外地高考状元要好，这个结论我想应该是一个必然，因为这些学生有轻松的学习环境，各方面的素质都得到很好发展。

不久前，有新闻媒体撰文表示现在中国的教育公平已经进入深水区，当时我看了这个新闻就嫣然一笑，中国教育真正的不公平在什么地方？中国教育公平的深水区又是什么？很多人都仅仅看到一些表面的问题，而没有看到本质的问题。中国教育不公平最根本的问题在于地区保护主义，各地高考升学分数不统一，导致学生不在一条起跑线上竞争，打破了竞争的基本规则。

表演行为艺术“北京人大学”和向教育部送鸭梨的学生，他们的行为公开质疑这个不公平的行为，并公开向教育不公平宣战，呼唤教育公平，这种行为是值得肯定的，也应该引起有关方面深思。

教育公平，要打破地方保护主义，打破户籍制度，才能真正实现公平教育、构建和谐教育，才能真正培养出具有创新型的高素质人才，才能真正解决目前高等教育和教育内部存在的问题。

莫言获奖与教育的“暧昧”关系

2012年，最让人欢欣的事情就是末世的谣言不攻自破，最让中国人自豪的就是莫言成为中国第一个诺贝尔奖获得者。这样的欢欣和鼓舞是前所未有的，尽管这样的荣誉其实跟任何人都没有多大关系，仅仅是莫言个人的荣誉而已，但是，中国人第一次获得这个奖项，其意义和价值是前所未有的。

莫言获奖后，他的作品、文集以各种方式迅速占领各大图书市场，各大商家也把广告和形象代言这一红绣球抛给莫言，就连教育界也开始总结教育在莫言身上所发生的作用。当时，很多教育人士开始分析教育的功能，教育对莫言成才所起的作用。说实话，看到这样的评论和总结我当时就有点郁闷，怎么这些人这样厚颜无耻呢，于是，当时就写了一条微博“莫言获奖跟教育有锤子关系”，以表达自己对这个态度的反对。

莫言，一个充其量读过小学的学生，他之所以能够走上写作的道路，还能成为一个具有影响力的作家，甚至问鼎诺贝尔文学奖，只能说明其喜欢写作，天赋比较好且后天勤奋造就了今天的莫言，因此，莫言获诺贝尔文学奖与教育并无直接关系。教育就是教育，不是万能的，教育只能在自己能够发生作用的范围内起作用，不是所有人都能够教，也不是所有学生都能够教好。当某个学生成才了，所有教过这个学生的老师都想方设法去占点“仙气”；当某个孩子因为某些事情“出事”了，很多教过这个孩子的老师都会落井下石，说当初就能看到一些端倪，我之所以这样说，是有根据的。莫言小学四年级的时候就开始停课闹革命，五年级到学校“造反”，基本上没有接受到多少学校教育，这是历史原因造成的，但这并不能阻挡一个真正作家的成长。失学后，他开始渴望读书，想方设法找到了当时散落在民间的几部古典名著和当时流行的十几部长篇小说，甚至在12岁那年，母亲花费5元钱购买他喜欢的《中国通史简编》，他甚至给当时的教育部部长周荣鑫写信表达自己读书的愿望。随后，他一边劳动一边创作，直到参军到部队，一直坚持自学和创作。可见，莫言的成才几乎跟教育沾不到多少边、扯不上多少关系，都是他自学和勤奋的结果。如果莫言没有获得成功、没有刊发作品、作品没有被影视制片人拍摄成电影电视剧，他最多不过是一个文学爱好者、文学痴人而已，没有多少人会关注他的生存状态。这样默默无闻的人散落在全国各地各个角落，莫言的获奖给了他们一些安慰。

莫言获奖虽然跟教育没有直接关系，但是和教育是有间接关系的。莫言一路自学，其实也是一种教育，不过，这是一种自我教育和自我学习方式，这样的学习，才是最有效的学习。自我教育的关键需要开发学生的内驱力为最大动力源泉，没有开发出内驱力，任何教育都是枉然。当今，基础教育界倡导“自主探究合作”六字真经，其目的就是想开发学生的这种学习能力，不过有太多的教育考试和考核，以及鲜有的动手活动限制了这种学习，而且，通过这种学习能够获得成功的毕竟是少数，更多的还是需要在学校接受正规教育。

莫言孜孜不倦的自学和上下求索的勤奋精神是值得广大青少年学习和敬仰的。每一个名人、成功人士，之所以能够获得成功，大都有一种共同的品质——勤奋和执著。就是这样一种精神，引导他们在自己喜欢和热爱的事业上不断奔跑、上下求索，甚至能够抵挡来自生活的压力、来自他人的嘲讽，一心扑在自己热爱的事业上，最终获得了成功。因此，作为现在一线基础教育，我们要利用莫言这个巨大的教育资源来为教学服务。我想，唯一能够做的就是极大限度地开发莫言在人生道路上的求索精神、拼搏的品质、坚强的意志，引导青少年学生认识到不能仅仅羡慕别人的成功，更要学习成功人士的精神与品质，以此作为自己人生道路上需要的精神素养。

当然，一线教育在思考这个问题的时候，还需要深度反思。当年莫言不外乎就是一个学习上的“混混”，其聪明才智都用在闹革命和到学校“造反”等事情上，尽管这有历史因素在内，但现代教育需要反思学校教育中那些不能获得高分的学生，学校教育应该以什么样的态度和精神去开发他们脑海里的多元智能，激发他们头脑中的非应试教育基因，引导他们在最大的范围内发现自己的优势思维、优势兴趣、优势潜能，或者利用学校教育尽可能的在他们头脑中播种多元智能、开发多元思维，以在日后的工作和生活中达成天时地利人和的状态时，发挥出这种潜能。但是，不能获得高分的学生在很多教师和学校的视线内几乎是不存在的，他们基本上就是可有可无，仅仅是教育的陪衬而已，在很多管理者的理念中只要他们不出事就行。现在，往往很多学校为了达成高升学率，尽量缩减一些升学不考试的科目，更有胆大妄为者基本上不开或者象征性的开设，这样的课程设置必然会导致学生的多元智能和思维得不到开发，达不到教育给学生播种的目的。这样的做法和态度是必须要纠正的，但这样的行为却在当今的基础教育中肆意猖獗和泛滥，在各大重点中学和名校尤为严重。

面对莫言的获奖，我想有必要把这个问题提出来思考，因为，目前有了一个可供谈论的话题，就像当初钱学森之问一样，唯有在这个恰当的当口提出这个问题，才能引起国人的思考，才能引起教育者足够的重视。有些人不是考试的料，但也许是写作的才，就像莫言之类的作家；有些人不是考试的料，但却是创新思维的才，就像爱因斯坦之类的科学家，思维和创新是他伟大的生活空间；有些人不是考试的料，但却是天生的企业家，他们在自己的王国里创造了巨大的社会财富，比如马云。教育需要思考的问题是，怎样在这些学生接受教育的阶段，让其优势思维得到开发、让其在学习阶段享受到学习的快乐和幸福，以此培养其健全的人格和高尚的品质，并在日后的生活中泽被更广的人群、造福社会和人类。

当今学校教育，不论怎么应试，我认为应该坚持这样一个基本的观点，即教育必须培养学生的思维能力以提高其思想力，开足开全中小学生必备的课程以播种其多元智能，以愉悦的学习环境和教学课堂让中小学生幸福生活。我想，不论现在提什么样的教育理念，都应该坚持这三点，只有如此，才能真正实现学生和教育的可持续发展，真正实现教育为学生四十岁人生奠基的伟大育人工程；否则，一切教育理念都将是空中楼阁、昙花一现，不仅不能真正促进教育的发展，还会给教育留下笑料。

当今一线基础教育有一个非常有意思的现象，很多教育者都提出自己的教育口号、教育理念，说得不好听点就是“教育门派”。“百家争鸣、百花齐放”的局面是非常可贵的，但教育不是争鸣的问题，而是一线教育者具体怎么做的问题，做好了影响了自己能影响的范围内的学生，再在更大的空间和范围去影响更多的教育受众者。关键是现在很多人自己都没有做好，甚至还没有做，就开始争鸣，这样的争鸣和百家，我想，不要也罢，因为，这些教育者绝大多数人不是以发展教育和促进学生发展为根本目的，而是以此提升自己的影响力和身价，做大做强自己才是其本来意图。

莫言获奖，是给教育的一剂强心针，让教育界人士好好地冷静下来、反思过去、审视现在、展望未来，探寻真正适合学生身心发展规律和教育发展规律，这才是莫言获奖带给国人最大的福祉。

知识与道德教育孰轻孰重？

李天一案一审结束后，梦鸽接受一媒体专访时称这是冤假错案，被告内讧是律师策反。如果判儿子有罪，她会上诉“我绝不会放弃我的孩子。”她说李某是好孩子，爱学习、钢琴、书法，学习都是好样的，为人善良，但就是好冲动。

不论李天一案件的最终审理和审判会走向何方，这是法官的事情，跟大众没有关系。对于梦鸽的在审理李天一案件过程中所表现出来的所有行为，从一个父母的角度来讲，我认为都是可以理解的，这是人之常情，也是任何为人父母都应该做出的正常的努力和挽救措施。因此，我们没有必要太苛责梦鸽或者李双江老师，而是应该从另外一个角度去审视这个问题。

对于梦鸽的种种行为，我们都可以理解为护子情深，一切都源于母爱，源于母亲对孩子具有的一种天然的保护行为，但这样的行为一但过火的时候，就会显得过犹不及，显示出其内在自身的弊端和缺陷。无疑，梦鸽正在一步步走向这个“无底深渊”，并把自己的这种表面看起来非常正常的母爱演变成了溺爱，一种不能自拔的溺爱，同时也让孩子陷入这种溺爱的包围圈而不能觉醒和顿悟，并继续放纵自己的行为。从李天一上一次犯案到这次轮奸案（姑且这样说）不足半年，可以得到印证；更让人想不通的是梦鸽在孩子打人被劳教出来后不仅没有及时教育引导孩子意识到自己行为是违法犯罪行为，居然还给李天一买了辆新车，无疑，梦鸽的行为无意识地给孩子传递了这样一个错误的信号——被劳教不是惩罚而是奖励。也许，李天一从小到大都是在梦鸽这样自以为是的不良教育的基础上一步步炼成了坑爹本事。如果梦鸽稍微认识到自身的错误，及时停止自己错误的母爱或者不恰当的母爱，也许还能让李天一悬崖勒马，至少让他意识到自身行为的错误并反思自身行为，不至于这样急匆匆的再一次犯案。因此，可以说梦鸽不懂教育。

李天一案件让教育人士不能不反思这样一个问题，即教育到底是知识教育重要还是道德教育重要，这恰好也是当前基础教育中出现的一个严重的问题。李天一案件对我们最大的启示不是彰显梦鸽母爱有多伟大，也不是李天一这个孩子多么坑爹，而是应该反思知识教育和道德教育孰轻孰重的问题，只顾眼前和可持续发展的问题，把道德教育提到一个时代的高度的问题。这是李天一案件发生后梦鸽作为母亲出于母爱的自我保护所折射出来的教育思考。

知识与道德孰轻孰重是个不言而喻的问题，但在目前功利化教育的驱使下，不少教育界人士已经忘记老祖宗“十年树木，百年树人”的古训，忘记教育是慢的艺术，忘记教育是不能揠苗助长的过程体验教育。一旦教育只注重知识教育而忽视道德教育，过分强调知识教育而轻视道德教育的存在，这样的危险无疑的空前的。当前，中国社会道德滑坡，人们并没有关注到病根在什么地方，也未曾想到这是教育急功近利所带来的必然后果。基础教育不重视道德教育，基础教育在执行教育的过程中所有的点点滴滴，都会无形地潜移默化地影响孩子思想和心灵的成长，都会在孩子的心灵深处打上深深的烙印，并形成一种思维定势在无形中左右孩子的行为。

李天一正如梦鸽说的那样是好孩子，爱学习、钢琴、书法，学习都是好样的，这一点无人质疑，也没有人能够质疑，这些知识成绩发展轨迹在学校有一个成长清单可以见证。但是，他道德教育成长足迹同样在学校个人档案里面可以窥一斑而知全豹。他从小做错事情，很多时候都没有承担自己的责任，相反，都是以中国式思维私了（见《中国式思维当休矣》），母爱没有让孩子意识到自己行为的错误，更没能够培养孩子勇于承担责任的意识和态度，其实这即是道德教育缺失的一个部分，这个问题可以在另外一个孩子身上得到印证。2012 年，出现一个颇让人深思的一个新闻，不过这个孩子的父母是普通人而没有受到人们关注。

吕某城，一个很有前途的“钢琴才子”，不料却因为两次偷窃而获刑，日前，广州越秀区法院对“钢琴才子”吕某城一审判决管制2年，并处罚金3000元。宣判后，吕某城与母亲抱头痛哭，其母更是悔恨：如果时光倒流，不会逼他学琴。他和郎朗的经历惊人相似，都是80后，沈阳人，4岁学琴，10余岁考入中央音乐学院附小，全国钢琴大奖赛前二名，区别只是郎朗第一，他第二。他面对父母高压心生叛逆，17岁赴德深造，脾气变得暴躁，广州读研，毕业后做家庭钢琴教师。两次盗窃，他的人生轨迹，仿佛换了一个世界，一双本该在琴键上舞蹈的手，却蜕变成了“三只手”。如果仅仅从知识教育的角度去判断和衡量吕某城，无疑，他是一个非常不错的好学生，全国钢琴大奖赛郎朗第一他得第二，可见其艺术造诣的功力非等闲之辈，但是，却有一个致命弱点，脾气变得暴躁，以及偷窃行为。这即是只注重知识文化艺术教育，而忽视道德教育的一个重要的例子，正如梦鸽说的“为人善良，但就是好冲动”，无疑如出一辙。

从上面两个典型案例可以再次印证这样一个简单的道理：道德可以弥补知识的缺陷，但知识永远也不能弥补道德的缺失。知识缺点少点不至于违法犯罪，而且这些缺陷可以在工作后继续学习；但是，道德缺失之后，就会在人的大脑里形成一种定式思维，甚至会形成一种思维习惯、生活习惯，一旦教育出现这样的“养成教育”，那将会带给孩子和家庭空前的灾难，我想，这一点梦鸽和吕某城的父母已经深有体会。李天一案件的审判和结果已经没有多大价值，其罪不可恕也不至于判死刑，但梦鸽的行为却能惊醒教育界重视道德教育，从新回归教育本质规律，不能只在知识文化教育单一的轨道上一条腿走路，这是梦鸽母爱所折射出来的教育价值和教育思考。因此，梦鸽当前要做的真正能挽救李天一的，就是理性看待问题、正确看待问题、直面人生、接受现实，理性思考孩子长远发展和当前利益的冲突，鼓励孩子认识自己的错误、勇于承担自己的罪责、争取受害人的谅解，以培养孩子的责任心，以真正挽救孩子那个已迷失的心。否则，孩子会在这种错误的母爱下越走越远，就像温水煮青蛙那样，不自知，也不自觉，更无力悔过自新。

当前，国家和社会对道德教育高度重视，在全国各地铺天盖地推行道德讲堂。其实，这仅仅是一种形式，仅仅是一种应付了事，很多地方设置有道德讲堂的标语和指示牌，但是却无道德讲堂的内容和行为。知识教育是一个过程，不能一蹴而就；道德教育也是一个过程，需要潜移默化的培养，并不是简单的几个道德讲堂就能解决问题，而是需要在孩子的日常教育中进行潜移默化的渗透，不仅有常规课进行教育，还要在各个科目的教学中进行渗透教育，以强大的道德教育场和正确的核心价值观，以及责任意识等教育，去熔铸孩子的心，去提升孩子的心，去促进孩子的健康发展、全面发展。否则，只有知识和文化而忽视和缺失道德教育，无异于折翅的飞机不能高飞。

爱因斯坦说："仅凭知识和技术并不能给人类的生活以幸福和尊严，人类完全由理由把高尚的道德标准和把价值观的倡导者及力行者置于客观真理的发现者之上。"因此，知识与道德教育孰轻孰重无需争议，唯有比翼齐飞，才能给予孩子幸福人生。

青年教师应该向雷夫学什么

《窗边的小豆豆》在中国出版发行后，其倡导的理念和教育方式，以及小豆豆的生活方式，得到很多人多认可和赞同。不论是教师，还是家长，甚至很多青少年学生，都喜欢看这本书，都喜欢看这本书所营造的教育环境，都认为小豆豆是幸福的，幸运的。但是，书红了，人却没有红。因为，大家都知道，那样的教育环境在我国现在教育体制之下，不可能实现。

不久，一部《第 56 号教室的奇迹》再次走进人们的视野，这本书顿时火红起来，因为，这不仅仅是一本教育书，更是一个教师教育生涯、教育理想和教育人生的真实反映。出版商和作者本人因为收到巨大的经济效益，很快推出《第 56 号教室的奇迹 2》，从此，不仅书火红，人也火红了，一时间，中国各大媒体，都在谈论雷夫和他的《第 56 号教室的奇迹》，甚至一些媒体千方百计找雷夫的联系方式，对雷夫进行越洋采访，试图找到解决中国教育之道；也有一些大学专门请雷夫到中国讲学，似乎雷夫就是中国教育的“救星”一样。现在，《第56号教室的故事——雷夫老师中国讲演录》也应运而生。其实，大可不必，固然雷夫及其《第56号教室的奇迹》创造了教育的奇迹，但中国也不乏这样的教师，只不过大众没有发现这样的教师而已。

不论怎样，雷夫在中国火了，中国已经刮起了雷夫风，雷夫在中国成了先进教育的代名词。雷夫是独一无二的，雷夫不可以复制，但雷夫式教育模式和思想却可以学习。作为当代青年教师，我们应该怎样学习雷夫，怎样运用雷夫的教育理念和精神去经营好自己的课堂，用自己的爱心去润泽孩子的心灵，为孩子的人生导航和奠基。

读雷夫，让我看到一个教育的本质和教育的共性问题：世界是平的，教育也是平的，即教育是贴近学生灵魂的事业，其内在本质是符合教育规律和学生身心发展规律的，故而具有相通性。雷夫在他的《第56号教室的奇迹》里面展示的教育思想和教育情怀，正是这些合规律性的教育。

什么是合规律、合目的性的教育？我想，作为教师，需要敬业、需要热爱自己从事的行业，这是作为一个教师的底线和必备的东西，这就是合规律、合目的性的教育。当前，尤其是中国实现绩效工资后，很多老师不愿意当班主任，认为当班主任累、当班主任苦，当班主任那几个钱不值得自己“卖命”。于是乎叫苦连天，让人感觉到教师精神的失落、教育的没落，甚至教师素质的堕落。但是，我们在《第56号教室的奇迹》一书中，看到这样一个敬业的教师：雷夫几乎将他的所有精力都投入到了他所在的班级——第56号教室。每天在校工作时间十多个小时，早上6：30到下午6：00；每周两个通宵工作；每个周末从上午11点钟到下午2点钟一直工作。假日中的每一天都在无偿地教学生，从早上6点钟开始一直到下午5点钟，给学生教算术，讲文学，授历史，沉迷于莎士比亚戏剧的排练。在这块小天地里，雷夫老师创造了轰动全美的教育奇迹。正因为如此，第56号教室的孩子们才自愿每天早晨6点半到校，一直呆到下午五六点才回家。即便在节假日，孩子们也来到学校，跟随雷夫老师一起阅读、做算术、表演莎士比亚戏剧、一起去旅行。这就是激情唤起的信任，激情激发了学生的学习兴趣和内驱力，激情焕发了教育的生命之光。教育需要这样的教师，需要这种具有奉献精神、敬业精神的教师。

雷夫为什么能够成功？我想，最根本的就是他的敬业，就是他对教育事业的热爱和忠诚，把自己的青春和热血都奉献给了自己喜爱的孩子。作为一个老师，要做的最基本的一点就是要爱自己的教育事业，爱教育这个岗位，爱班里的每一个学生。因为雷夫做到了，所以，雷夫才创造了被教育界人士公认的教育奇迹。其实，这不是奇迹，而是很多教师没有做到一个教师应该做的事情。很多教师为什么做不到这一点？我想，最根本的原因就在于这些教师在时间、感情、精力、理想、抱负、文化素养等方面投人度没有达到作为一个老师应该具备的底线。

教育职业的底线是什么？师德、良心、理想？都不是，而是敬业。现在很多企业家和管理者都喜欢说这样一句话——责任胜于能力。其实，责任就是敬业问题，哪怕你有再强的本事，如果不敬业、没有责任，一样做不好工作。之所以很多人能够创造事业的奇迹，创造生命的奇迹，就在于他们敬业和责任。当前，实行绩效工资后，公办学校很多地方开始吃“大锅饭”，人们不再像以往那样敬业，也没有以往那样的责任心；相反，民办学校迅速崛起，根本的因素就在于家长付出了高额的学费，学校收取了高额的学费，教师获得了相对较高的收入，就必须给家长和学生提供优质的教育和服务。这就是责任，这就是敬业。

雷夫班上的孩子是幸运的，因为他们遇到了这样一个敬业和懂得孩子心思的教师。他们的这种幸运，让其他班级的学生和家长都非常羡慕，甚至把观看这个班级的一次表演当作学习的机会。当然，雷夫的教育是非常独到的，有一种教育家的风范和气质，能够利用各种意外不失时机地教育孩子们，让孩子们在学习知识的同时修炼人格，锻炼各种能力。一个企业家答应赞助该班学生们旅费但却出尔反尔，雷夫并没有因此而抱怨企业家不守信用，而是把这个难得的机会作为一个教育孩子们的契机，提升孩子们的人格修养。同时让孩子们学会自力更生，自己排演莎士比亚剧赚取路费，培养孩子们大气的品质和自力更生的能力。一个有教育家气度、人格修养高的教师才能培养出有气质、有气度、有道德的学生；相反，一个总是抱怨生活和社会的教师是不会培养出高尚品德和健全个性的学生。

雷夫为什么如此敬业？因为雷夫有属于自己的教育理想。圣经说：你定意要做何事，必然给你成就，亮光也必照耀你的路。拿破仑说："不想当将军的士兵不是一个好士兵。"换言之，一个人心有多宽，路就有多远，一个人有多么高远的目标和愿景，就能获得多大的成功。雷夫有这样的教育理想和目标，不仅仰望星空更脚踏实地，于是乎，雷夫信任孩子，孩子们得到的极大的发展，而56号教室的孩子们的学习人生也发生翻天覆地的变化，作业自由、外出旅游和社会实践自由，把枯燥的课堂变成一个灵动的、具有灵性的课堂。当然，这样的课堂在我国目前的教育环境下很难实现，但作为一个班主任和教师要做一个有激情、有梦想、有教育理想的人，才能给孩子们创造出"第56号教室"那样的学习环境。班主任和教师在培养学生的时候，不要只看学生的成绩，要注重学生的可持续发展，才能造就真正的人才。一个人成就的高低，不仅与本人的目标有关系，更与教育者、引领者的目标高远有关。这些都是需要班主任学习的，都是需要班主任具备的必须品质。

教育是一个培养人的事业，是一项贴近学生灵魂的事业，是一个有灵魂的事业。正因为如此，才需要教师有创新精神，开拓进取的品质，这种创新精神会潜移默化地传递给学生。试想，一个教师都没有创新意识和精神，成天都是墨守成规，能影响学生的也是这些墨守成规的品质。

每一个孩子的潜力是无限的，关键在于外界教育用什么样的方式去激发学生的这些潜力、激发学生的内驱力，让学生在快乐中学习，在不断奔跑中享受到学习的幸福和愉悦，而不是被应试教育的负担压得反感教育，逆反教育，甚至有些"恨"教育。一个教师要达到这样的教育效果，就必须进行教育创新，就必须进行不断的探索，力求贴近学生的灵魂做教育，走进学生的心灵世界。我们知道，教室不是制造恐惧、压力的地方，而是学习知识的殿堂和享受成长幸福的地方。于是，雷夫选择了创新，选择了用自己的激情和教育理想，把教室变成温暖的家，让孩子们在这里自由汲取各种养料，让孩子们自由快乐生长，他把应试教育下强迫"苦"读的孩子变成了一个个热爱学习的天使。因为，雷夫始终牢记这样一句话："我这个老师没有特别突出的创造力，于是，我决定给他们我能力范围内最宝贵的东西——时间。"一个教师做到了这一点，奇迹就会自然出现。

作为青年教师，应该怎样学习雷夫。我想，最重要的就是学习雷夫敬业精神、创新精神和远大的理想。每个教师都要学会用激情逐梦，用理想攀登教育的高度，以教育的理想实现理想的教育。前不久听了一堂郭建民老师的报告，他在报告中提到自己作为一个历史教师，成功运用班级管理，创造了同一个数学教师教普通班和重点班但普通班的数学却考得比重点班好的奇迹，其根本的原因就在于他找到了一种科学的管理方式和全身心投入到教育中去，用自己的激情点燃孩子们的学习热情、点燃孩子们的内驱力，不仅成就了学生的成长，也成就了自己教书育人事业。

在《第 56 号教室的奇迹》里面，我看到了一个真实的教师，也让我看到当年我当班主任的情境，尽管没有做到与雷夫那样好，但是，我却是全心全意为学生服务，真正实现"为了一切学生，为了学生的一切，一切为了学生"的教育。甚至为了和学生争取一些利益，我不惜和领导争吵，目的只有一个，维护学生的权利和利益。为了提高学生成绩，我可以做到在语数外老师还没有讲试卷之前，就给一些我认为考差的学生进行提前"个辅"，让学生知道自己错在什么地方，下次应该怎样改进；我甚至可以牺牲自己政治学科成绩，留更多的时间给主课教师，保证总体仗取得绝对性胜利。很多事情，只能做不能说，毕竟，教育是贴近学生灵魂的事业，是一个不需要言明的事业。

现在很多人不愿意当班主任，其根本原因在于没有理想，不热爱自己的教育事业，把自己置身于教育之外。我记得有个老师曾经说过：一个老师，到了40多岁的时候，孩子考上高中，考上大学，基本上不需要自己再怎么操心；随着年龄的增大，夫妻之间也没有年轻时那样有温度了，感觉自己一下子不“好玩”了，唯一“好玩”的方式就是当班主任，和学生一起学习，带领学生学习，在学生成长的过程中实现自己的人生价值，实现“人生最美不过夕阳红”的教书育人的境界。其实，对于教育而言，只要一个教师有理想，就不会存在职业倦怠问题，就不会存在不喜欢学生的问题。记得郑立平老师说过，他给很多老师做讲座之后，很多老师发出惊叹，没有想到当班主任还有这样多的乐趣，还有这样多的快乐，于是，以前吵着闹着不想当班主任的老师们，都纷纷选择当班主任。为什么，原因就在于郑立平老师点燃教师的激情和梦想。

今天，我们应该怎样学雷夫，怎样学名师。我认为，要学其神而不是学其形。前几年，有些老师学习魏书生老师的“写说明书”，大家都认为这个很时髦，于是很多人都去学习，但是，其效果还是和以前一样，根本的因素就在于这些老师根本就没有弄明白让学生写说明书能够解决什么问题，为什么要让学生写说明书。更好笑的是前不久，听说有个老师看了陶行知四块糖果的故事，于是，自己也采取这样的方式，给学生吃糖果。结果，没有想到的事情发生了，学生说现在谁稀罕你这几块糖啊。老师觉得不能理解，为什么陶行知能够打动孩子的心，而自己就不能呢？其实，老师没有看到糖果已经不再是简单的糖果，而是一个精神象征，当年的糖果很珍贵，很少有孩子能够吃上，现在的孩子想吃什么买什么，对糖果早就厌了，不喜欢了。试想，时代变化了，教师的教育思想和理念没有变，能行么？因此，我们学习名师也好，学习雷夫也罢，都要学其神，不要学其形。齐白石说“像我者死，似我者生”的道理一样，他讲的就是要舍其形，学其神，这才是学习的本质。

作为教师，就要像雷夫、郭建民、郑学志、郑立平老师那样，用自己的激情去点燃孩子们学习的热情，用自己的爱让孩子们感受到来自班主任的温暖，用自己的信任去获得学生的信任，用自己的理想去促进和实现学生的理想，让学生不断成长进步，从优秀走向卓越。

班主任和老师的最基本的职业底线是什么？班主任和老师到底应该做些什么工作，哪些工作做到哪种程度，哪些工作必须要做好。雷夫在他的《第 56 号教室的奇迹》给予广大教师和教育工作者一个精确的答案——用激情点燃教育，用激情点燃学生内驱力，用激情点燃学生的成长生涯的同时也点燃自己的教育人生。

第二节 教育的本质是什么？

——对教育现象与问题的批判

教育的本质是什么？

英国哲学家怀特海曾说：什么是教育？教育就是把你在课堂上学到的东西全部忘记了，把你为考试背的东西全部忘记了，那剩下的东西就是教育。怀特海这句话，为教育的目的和本质做了精辟的论述。那么，那剩下的东西是什么呢？那个应该剩下的配得上称为教育的东西，用怀特海的话说，就是完全渗透入你的身心的原理，一种智力活动的习惯，一种充满学问和想象力的生活方式；而用爱因斯坦的话说，就是独立思考和判断的总体能力。我认为，那个剩下的东西应该包括一个人的思维力、创造力、学习力、道德力。

思维力是教育之根。知识的海洋是浩瀚无穷的，没人任何人能够通晓这些知识，也没有必要去通晓。教师教育学生学习知识，仅仅是给学生构建一些每个学科和领域里面的基本知识、基础知识，即基本的骨架；同时，采取的方式也是以点带面的进行传授，把那些基础的、基本的知识传授给学生即可。作为学生在学习的过程中，重点把握的不仅仅是背诵和记忆这些知识，变成自己的知识，关键在于在接受教育的过程中根据老师引导的方式培养自己的对这个学科的思维能力，从而利用这些基础知识和思维能力去思考和建构新知识，从而触类旁通，甚至创造性地发展，创造出新的知识。

电脑的出现，让我们对教育的本质有了更进一步的认识。从理论上讲，人的记忆力比电脑要大，但实际上人记忆知识容易忘记，而电脑则不会。电脑能储存巨大的知识，尤其是随着科技的不断发展，硬盘储存量越来越大，但为什么电脑始终赶不上人类，根源就在于人的大脑能思维，而电脑则是按部就班，只能储存而不能思维。因此，现代教育的任务不是要培养和比赛学生记忆背诵知识的能力，把学生变成一个储存知识的大容器，或者把学生变成电脑的CPU，而是要培养和塑造能思考、会分析、善提问的有灵魂的人。

从某种意义上讲，没有思维的教育，就是一种失败的教育，甚至根本就不是教育。因为，这样的教学行为仅仅完成了电脑储存器粘贴和复制的简单功能，完全没有对学生进行思维力的培养和训练。因此，现代教育的本质和核心是要培养真正的人，而人就必须有思维为代表的灵魂。教育，唯有培养学生的思维力，才是教育的本质。

创造力是教育之本。学习知识的根本目的是什么？思维力思考的结果又是什么？我想，其根本的就在于创造新的知识。人类社会之所以能够得到不断的发展，社会得到不断进步，根源就在于人类在不断学习的基础上不断创造新的知识和财富，才推动社会不断进步。如果没有新知识的产生，人类社会不可能得到巨大的发展和进步。

从战国时代的马车到三国时代的木牛流马，再到后来的自行车、汽车，以及飞机、火箭，甚至现在流行的载人火箭和宇宙飞船，这些都是人类在学习知识的基础上不断创新的结果，正是这些新知识的出现，才在不断地改变着我们的生活和生活的环境，并不断推动人类社会的进步和发展。因此，学习知识仅仅是一个载体，一个供人类思维的工具。所以，我们在学习的过程中以掌握知识为载体，以培养和塑造思维力为本质，以创造新的知识为终极目标。唯有这样，才能达到学习的目的。

创造力是每个学生必须掌握的能力。近代中国为什么会落后，根源就在于欧洲近代文明的兴起我国没有学到先进的知识，更没有以此创造出更强大的东西。于是，近代战争中我们以大刀对抗敌人的枪炮、以落后的武器对抗敌人的坦克和飞机，其结果是以惨重的牺牲为代价，只有受人奴役和欺凌。今天，为什么我国不怕他国的威胁和挑衅，根源就在于国人通过学习知识创造出了原子弹、核武器、航空母舰等尖端武器，这些武器的存在，才让国人扬眉吐气，让国人的骨头能够硬起来。

今天需要创造，明天更需要创造，任何时代都需要创造。唯有创造才能推动社会生产力巨大发展，才能促进人类社会大发展。一个民族，如果其教育所培养的接班人和建设者没有创造力，那将是一个毁灭性的信号。十年树木，百年树人。树木容易树人难，根源就在于塑造人需要塑造其思想和灵魂，塑造其创造性。

学习力是教育的人才发展的重要源泉。任何人的学习都是短暂而非常有限的。从幼儿园到大学，也就18年左右的时间，从大学生到博士生，也不过多加6年时间。这6年时间是非常短暂的，学习的知识也是非常有限的。加之社会知识在不断更新，日新月异地发展着，唯有不断学习，才能造就人才。

会学习，是一种非常重要的能力。人生中很多东西不可能全部靠老师传授，而是需要自己在生活和工作中，根据需要不断地学习、揣摩、领悟，然后再不断地提升自己，达成自己需要达到的境界。当一个人培养了学习的习惯，自学的能力，就能顺应不断变化着的世界；相反，一旦没有这样的学习力，则会成为一片即将干涸的湖泊。

人的知识需要不断更新，才能适应工作和生活的需要，才能适应社会的发展。因此，今天的教育，就是要在传递的知识的过程中引导学生自学，培养学生自己分析问题、解决问题能力，甚至能够达到自己提出问题，然后再分析问题和解决问题。

今天的新课改，提出“自主合作探究”学习法，又被很多人称为学习的“六字真经”，其目的就在于培养学生的自主学习力、思维力和创造力。

道德力是教育的职业底线。教育是塑造人灵魂的事业，一旦教育不培养学生的道德品质，仅仅唯分是举，那将是一种非常危险的教育。这样的教育，不仅不能促进社会的进步和发展，更会给社会带来灾难性的毁灭。

社会上流行这样一句名言：“不怕流氓，就怕流氓有文化。”这其实说的就是丧失道德教育之后所带来的巨大危害。一个没有文化的犯罪分子，其对社会危害性相对而言会小些；但是，一旦犯罪分子有文化，其会利用自己掌握的高科技对社会造成的危害就要大多了。这样的人才，知识越高，道德意识越淡薄和匮乏，其带来的危害就越大。因此，教育必须塑造人的高尚品质、健全的人格。

今天，我们的社会道德缺失，其根源在于教育丧失了塑造人道德这个基本的作用。最近20年中国的教育，基础教育追求分数，而高等教育则在追求量，这样的结果势必在教育的质量上大打折扣，这一结果重要的表现就是学生综合素质不高和道德意识淡薄、道德品质低下。于是，才会出现社会上道德沦丧的局面。拯救国民道德沦丧和社会危机，唯有拯救教育，才是根本的出路。教育发展，国家才能发展；教育落后，国家必定落后。

一个人忘记学校传授的东西，剩下的就是思维力、创造力、学习力、道德力。前三者地位同一，而道德力则跃居三者之上，甚至可以说道德力是前三者的灵魂和主宰。曾有人说过这样一句话：道德可以弥补知识的不足，而知识却不能弥补道德的缺陷。可见，道德是贯穿教育的灵魂，是一个人一生中所学知识最重要的精髓。一旦一个人没有道德，丧失人最起码的道德底线，其掌握的知识越多，对社会的破坏性就越大。唯有铸造强大的灵魂和高尚的道德，才是解决问题的根本。

随着岁月流逝，我们当年为了各种考试而不停的背诵记忆的那些显性的枯燥的知识，逐渐离开我们的大脑的记忆，但思维力、创造力、学习力、道德力这些隐性的东西永远也不会离开我们的大脑，它已经和我们的血脉熔铸在一起，变成我们身体的一部分，甚至成为我们躯体中最主要的灵魂。

教育，唯有培养和塑造学生的这四种能力，才是真正的教育，才是具有生命力的教育，才能造就真正的人。

教育需要观照孩子们的生命成长

今天，在新浪博客“育儿推荐”里面有这样一篇文章《9岁男孩考

99 分觉得不理想，把 4 根缝衣针刺入腹部》，文章大意是这样的：东东爸爸给孩子洗澡时发现，东东的肚子上有几处硬结，每次摸到肚子时，东东都会左躲右闪。几天后，东东说自己肚子疼，家人把他送到哈医大二院。哈医大二院儿外科姜大朋医生检查后惊奇地发现，东东的腹部竟然有 4 根细针，分别位于左侧结肠和腹壁处。东东承认自己在寒假期间分两次把 4 根针扎进肚子。东东辩解，因为上学期期末考试成绩不理想，有一科只得了 99 分，与每次都得 100 分满分相比，东东感觉这次考得实在不理想，刚放寒假，东东就往自己肚子上扎了两根缝衣针。新学期即将开学，东东又想起自己上学期期末考试成绩，于是又往肚子上扎了两根针。

面对这样一个案例，我们不禁要问：今天教育应该为孩子做点什么？的确，当前功利化教育盛行，教师和学校也没有办法，必须应对来自家长、社会和教育主管部门对升学率的考核，这是无可厚非的，也是任何时候都应该做好的。但是，作为教育者在做好这些问题的同时还需要做什么，对孩子的成长还需要做什么，毕竟，孩子们都是一个个鲜活的生命，而不仅仅是教师和家长考试的机器，因此，我们更多的需要关注孩子的生命成长、生命感受和体验，要关注孩子们在想什么问题。这才是教育者在做好教育的同时需要考虑的问题，而不仅仅是向孩子们要分数。

一个 9 岁小学生，在成绩考了 99 分的时候居然对自己的成绩不满意，让人更意想不到的是孩子为了惩罚自己居然向自己的肚子扎了 4 针，而扎针之后居然不把针从自己的肚子里取出来。尽管，这仅仅是一个非常个例，并不能代表教育的全部和不能代表所有的孩子，但从这样一个极端的例子当中我们可以看出这个学校或者说当前基础教育对孩子心理健康教育的忽视和对学生生命教育的漠视。教育需要有成绩，因此教育教学关注高分数是无可厚非的，但作为一个理智的教育者，应该在关注高分数的同时关注学生的生命成长、生命体验、生活感受，给予孩子们更多的心理健康和生命感悟方面的教育指点和引导，这样，才能让孩子们真正体悟生命、真正获得成长，这样的教育才是真正贴近教育规律和生命成长规律的教育。

关注孩子的生命成长和心理健康，这是当前任何一个学校、任何一种教育必须重视的问题。当前，人们的生活成本高、社会竞争激烈、生活压力大，自然会在很多地方存在不同的心理问题，如果教育没有对生命个体从小进行生命教育、心理健康教育等方面的引导，这些生命个体在长大成人之后，就会在激烈的社会生活和竞争中发生心理偏差和心理错位，一旦出现这样的情况，生命个体不论体质多么健康、地位多么显赫、学历多么高、收入多么高，就会因为心理隐患而导致心理崩溃，最终出现“崩盘”轻生的结果。一旦生命个体出现这样的不理智的行为，所有的教育都是失败的。因此在孩子生命个体成长整个过程中灌输生命教育，让孩子时刻体验和尊重自己的生命，懂得如何去珍惜自己的生命，这些“崩盘”行为就不会出现，而达成这样结果的教育行为并不复杂，只需要教育者在教育过程中对生命个体进行关注、日常教育中融入这样的教育，就能有效的解决这样的问题。

我们在很多青少年违法犯罪案件，以及一些成人年违法犯罪案件当中，总可以找到这样一些漠视生命成长而最终导致生命个体发生质变和异变的痕迹。但是，如果当初这些生命个体在接受教育和成长的过程中，能够接受来自教师对于生命的关爱、心理健康方面的教育，能够得到父母亲子的关怀，以及情感方面的引导，我想，这些问题就不会出现，也不会在这些生命个体中演变成严重的隐疾而发生裂变。由霍思燕领衔主演的电影《迷城》就关注了这样一个问题：某校历史系大二学生赵坡，在幼年时亲眼目睹了父亲偶然失手把母亲推下池塘，母亲临死挣扎和呼救的场面刺伤了他的心，并从此害怕水和产生了严重的心理隐疾。在读大学的时候，一次体育游泳课，同学不知情而推他下水，差点淹死他。后来，他结识了发廊洗头妹甘秀并爱上这个女孩，一次他带着甘秀和同乡何昌兴、杜永庆外出游玩，目睹两名同乡兽性大发玷污了甘秀，此后，甘秀从他的生活中彻底消失，他的精神世界彻底崩溃。其实，导致这个结果的就是当初的心理隐疾，如果当初有人对他进行心理方面的教育引导，在教育教学中灌输了生命教育和心理健康方面的知识，我想他能学会如何去处理这个问题。

每一个生命个体，在生命成长的过程中不可能对每一件事情都要进行体验，而教育者应根据教育的基本要求、根据生命成长的需要、根据自己的学历和学识等对生命个体进行引导，让其对自身的发展、成长、生命、未来，以及社会等有一个比较理性的认识，从而树立起一个较为科学合理的人生观、价值观、生命观，我想，这才是一种负责的教育，这才是一个教育者应该要做的事情。

我们知道，孟子提出了“鱼和熊掌不可得兼”的问题和应当“舍生取义”的观点。在当今社会，面对人生和各种考验，我们该如何应对，这是一个值得教育者思考的问题。其实，在教育和学生生命成长这个问题上，教育完全可以放慢一点脚步，或者说完全可以拿出一点时间、拿出一点课时来关照孩子们的生命体验和生命感受，润泽生命，这样才能培养出健全的人格和生命个体。我认为，教育应该做这样的事情，教育者也能够做好这样一件润泽生命、造福生命的事情。这虽然是一个很不起眼的工作，甚至这样的工作做了之后对教师的教育教学业绩、对学校的升学率没有任何影响和提高，但这是一个教育使命和教育责任，作为教育者，应该做并做好这样一个微不足道的隐藏在教育成绩之外的工作。

教育要关照生命，教育者眼里要有生命个体，这是当前教育需要做的事情。每一个一线教师，都要在自己的教育领域和课堂里做这样的功课，为孩子们的美好未来保驾护航。

还原教师本真，回归教育本质

教师，到底是一个什么样的角色，本专题从不同侧面反映了教师的生存状态、生命本质，以一个立体的方式展示给广大读者，旨在还原教师本真，回归教育本质。

教师是太阳底下最光辉的职业，这是社会赋予教师这个职业神圣而伟大使命，崇高而艰巨的责任。这是从教师行业的本质特点而言，因为教师是塑造人灵魂的工程，国家的发展和社会的进步，主要靠人才的培养和建设，完成这一使命的重要载体则是教育活动。教育的发展程度和教师素质的高低，以及教育秩序的规范和引领，直接决定教育产出的质量和品质，进而影响社会的文明程度和发展程度。

教育，是每一个时代的主旋律，但教育的是是非非太多。从专家到“砖家”、由教授到“叫兽”、由教师到“老板”，以及各种教师体罚、乱收费、性侵犯等，让教师这个词语一度蒙灰，很多新闻媒体关注的更多是热点，关注的不是教育本身。由于媒体关注的焦点、视角、态度、立场等的不同，公众对教育有一定的误解，公众应该从媒体热点中走出来，让教育回归常态，还教育本真面目，以理性的姿态去审视教育，以建设的态度去支持教育，这样才有利于教育的发展、学生的成长。毕竟，教师也是人，教师也有人性，也有七情六欲，也分三六九等，各种形形色色的人都存在于教师这个群体，但不能因为这些人的存在就以偏概全，“乱”教育本真的教师毕竟是少数，代表不了主流，更多的教师坚守自己的岗位，奉献自己的青春热血、铸就未来社会栋梁。

教育是塑造人灵魂的事业，教育对象是一个个鲜活的个体，都具有自己的思想、灵魂，教育需要以统一的模式和个性化引导相结合的模式去引导孩子成长，而不是像现代工厂产品的复制模式。工人手底下的产品是“死”的，想怎么弄就怎么弄，只要你愿意打磨；教师眼中的学生是“活”的，必须得依据学生的思想、个性、心理等特点去引导，顺性而为，为此，教师承载大量的工作负担、心理压力、学习压力，甚至很多乡镇教师还存在巨大的生活压力。

教师是天底下“最穷”的职业，尽管身居“白领”，却不如“蓝领”，甚至现在民工的收入都要高出教师收入。从“臭老九”到拥有“公务员”身份的教师，尽管在地位上有了很大的改善，但在经济上却远远滞后于当前社会发展的步伐。当前物价飞涨，但教师的工资却岿然不动，尽管有2008年绩效工资的改革，但新一轮的物价飞涨并没有让更多教师感到幸福的来临。大中城市教师，尤其是重点中小学教师，据天时地利人和之利，生活差强人意，但乡镇中小学教师，不仅收入低，而且生活条件差，子女教育环境也相对较差，但这些教师却依然拿低工资坚守自己的岗位，为教育事业奉献自己的青春。

有这样一群教师，他们从来没有编制，以民办教师、代课教师的身份坚守教育，拿最低的待遇，从事最高尚的职业，和公办教师相比，犹如天上人间，相距甚远，奉献了青春和热血，在不惑之年、天命之年还要遭到政府清退，身无着落，但他们依然坚守，为了就是自己那些可爱的孩子，让他们有机会走出山村，改变人生，改变山村。

有这样一群教师，他们身在农村、乡镇，却心系教育，身处江湖之远却念念不忘教育，不仅全身心地投入到自己的教书育人中，还积极对当前的教育指点江山，以自己的方式和思想去审视当前教育，为新时代的教育不停地呐喊。他们生活待遇低，但思想境界却很高，在各大论坛和报刊活跃着这样一群农村草根教师，他们不求名利，对教育充满热情和执著，尽管他们没有名师和专家那样说话掷地有声、铿锵有力，但却用自己的方式发出自己的呐喊，为新教育高唱赞歌。

这些，都代表不了教师全部，教师就是教师，他们仅仅是教师的个体和教育的一部分，教师和其他任何行业一样，在从事这个行业的过程中生活，以教育职业换取自己的生存，既不能过度放大，把他们置于神坛，神圣而伟大，把所有的希望都寄托于他们；也不能过度贬低，把他们贬得一无是处，甚至“妖魔化”。老师不是圣人，而是一个鲜活的人。社会只有把教师置身于一个平和的环境，还教师本真面目，让教师以“人”的身份去教书育人，才能让教师按照教育的规律和学生身心发展特点从事教育活动；否则，就是变味的教育。

教育需要什么样的教育之心

——和邵火焰商榷并兼谈素质教育

邵火焰在《教师博览·原创版》2012 年 8 期《阳光》一文中提到女儿学校的安全老师和思想品德教师在上课的时候都举了一个例子：一个

人说自己的钱包被偷，于是在大街上向人求助路费回家。安全课教师教育孩子不要随便相信别人的话，随时提高警惕、谨防被骗；思想品德课教师教育孩子不要把每个人都想象成骗子。每个老师讲的都有道理，但这却让孩子感到了困惑。

思想品德课和安全课教师的做法都没有错，两位教师都从教育的角度去守护学生的灵魂，教育孩子要有仁者之心、爱心、同情心，同时又要有一颗自我保护之心。两位老师所拥有的都是一颗呵护孩子成长的心，从不同的角度去引导孩子认识世界、认识自己周围的事物，以及如何去处理身边所发生的事情。教育，需要这样的教育心，需要这样的生活教育和生命教育，而不仅仅是知识传递。

但是，作者却在这个地方画蛇添足，想用实践来证明给孩子看，为了呵护孩子的仁者之心，让朋友从外地给孩子邮寄被骗子骗的钱。作者以善意的谎言去维护一个不真实的世界，作为一个父亲这样做无可厚非，但是，我认为这样做不一定对。

既然作者要引导孩子认识世界，就不能是一个不全面的世界，而是要引导孩子认识一个全面的世界；教育孩子，不仅要培养其仁者之心，还要培养其辨别真善美、假丑恶的能力。我想，这样的教育才是真教育。如果仅仅以作者的方式去引导孩子，孩子迟早会在生活中吃亏。

教育，不仅仅要让孩子懂得真善美，培养孩子的仁者之心，更要让孩子认识到在生活中确实存在一些问题，需要我们有一双辨别问题、发现问题的眼睛，以此铸造自己生活的能力。我们在电视上、武侠书上看到一些从小就生活在深山的女孩或者男孩，他们什么都不懂、不谙世事，显得非常单纯，结果遭遇了不少险境。武侠书上编造的情节，危难时都会遇到好人救治，但是，现实生活中不可能遇到这样的英雄救美。因此，我们在生活中，需要培养辨是非、明善恶的能力，才能最大限度地保护自己，让自己生活得更美。

教育，就是要从小就培养学生这种能力，而现在我们的教育就缺乏这样的教育引导，让孩子丧失了这种能力。现在很多媒体都在报道中国应试教育的弊端、各界人士都在指责中国教育的缺陷。其实，应试教育从古至今，其能够生存自然有其价值和场所，不能片面否定其价值，因此，现代教育要做的不是否定应试教育，而是不断改变、完善应试教育，即做好应试教育的各种辅助教育、配套教育，让两者进行完美结合、相得益彰，让现代教育培养的孩子不仅有应试能力，还有思考能力、创新能力、探索能力，更有发现生活的洞察能力和应对生活中纷繁复杂的各种能力。这些能力，本不是简单的知识教育就能完成的，而是需要配套的辅助教育来完成。比如邵火焰在《阳光》一文中提到的安全老师和思想品德教师的教育，就是这样的配套的辅助教育。

现代教育为什么缺失？为什么会遭到很多人的质疑和不信任。我想，最根本的因素就在于我们的教育一味盯住的是学生的分数而忽视了学生的素质，于是教育重心放在了知识教育而忽视了配套的素质教育，甚至是直接抛弃这些配套教育。

什么是素质教育？很多人一说到素质教育，马上想到的就是音乐、美术、体育、形体、健美、国学、文学鉴赏、各种器乐等，认为做到这些就是在践行素质教育。但是，在现实生活中仅仅有这些知识，并不能让孩子们驰骋于生活的各个领域，游刃于各种生活情境之中，更多的是遇到一点问题就显得亚历山大、鸭梨、郁闷、纠结甚至选择轻生。因此，笔者认为这些都不是素质教育之本，这些充其量只能算素质教育之形，而不是素质教育之神，真正要做到的就是要形神兼备。

笔者在周末曾带孩子去人民公园，恰好人民公园就在少年宫旁边，于是顺便去看看。不看不知道，一看吓一跳，这里不仅人山人海，生意（或者叫教育场面吧）火暴，而且名目繁多，除开上面我提到的各种器乐、绘画、形体、拉丁舞等教育的存在，还有更多的各种形式的提高班、培优班、强化班，这些班的存在让素质教育变成了应试教育。难怪现在很多孩子非常反感父母的这些行为，因为，这些班的存在剥夺了孩子们的童年和快乐。当然，快乐不仅仅在玩耍上，更有在学习上的快乐。

我举上面这个例子就是要说明素质教育在变质、变异，素质教育的真正内涵就是要做好配套教育，但我们喊了很多年的素质教育，却很少有人能明白真正的素质教育内涵。能歌善舞是一种素质，待人接物也是一种素质。世界是变化莫测的，形形色色、各种各样的人物都有，你要生存，就要学会和各种人物打交道、就要学会处理生活中的各种事情，一旦处理不当，就为危及自己的利益、安全，乃至生命。

安全教师和思想品德教师在课堂上教育的就是真正的素质教育，这就是教育要传递给学生的素质。教育最根本的就是要让孩子学会生存的本领，如果连这一点都做不到，教育就失去根本的意义。如果从知识方面而言，现在很多大学生毕业后找不到工作，就有点显示教育失去作用；另一方面，从安全角度而言，如果教育不能引导学生保护自己生命安全，这样的教育也是失去作用的。

现在，每年夏天都会看到这样的新闻，很多学生看到别人落水就下河救人，不顾自己不会游泳、没有救人的本领的实际情况就去救人，结果，不仅没有挽救别人的生命，还白白失去自己的生命。就在前几天，还看到一则报道：一个初三学生因为某种原因而跳河自杀，恰好被几个学生看到，于是下河救人。结果是想死的人被救起，下河救人的3个学生全部淹死。这就是安全教师要告诉孩子们的：不论我们做任何事情，首先要做的一件事情就是考虑和保护自己的安全，别人的生命很重要，自己的生命也非常珍贵。我们在挽救别人的时候，也要保护自己。任何教师在教育的过程中都要给予孩子安全意识，帮助孩子树立安全教育理念，而不仅仅是安全教师的责任和义务。

笔者作为一个思想品德教师，一直在课堂上倡导学以致用。生命课堂上，教育孩子们在生活中遇到问题时哪些事情该做、哪些事情不该做，应该怎样做、怎样做才能做到最好。我想，政治课应该这样教育引导孩子，让其成为孩子们生命旅途的守护神。其实，在我的课堂，已经把简单的思想品德课上成了生命课堂，有励志、品德、责任、道德、心理、性教育、安全教育等，教育就应该从全方位去守护学生的灵魂，促进学生的健康成长，让学生成为一个真正的人。

教育不仅仅是要做一些实践，更要引导孩子正确认识世界、了解世界、走向世界，在生活中成长，而不是在家长和教师的经验中成长，引导孩子自己去触摸世界，才能真正全方位守护学生的心灵，促进学生的健康成长。

激励性教育不能过度

《重庆晨报》曾报道重庆渝北区某小学一年级2班，每天评8次班长，40名学生均曾任过班长，如早读班长、书写班长等，以此激励学生不断上进。老师的做法不可谓不正确，其目的旨在提高学生的积极性和自我管理能力，从这个角度上看，教师这种方法是值得肯定的。但是，如此频繁的评比和名目众多的班长，这不禁让我想到了东施效颦和过犹不及这两个词语。教育管理，需要学习和模仿，但是，更需要创新。

现在，很多学生家长都喜欢自己的孩子能够在学校当班干部，而班干部名额有限，不能每人都有机会当班干部，但家长的意愿非常强烈，甚至不惜以“贿赂”班主任的方式获取对孩子的自信力的教育。

最近，自主化管理经过自主化研究学会进行不断的实践、探索、研究和推广，越来越得到教育界人士的认可，认为自主化教育在引导学生自主、自立、自理和主动性等方面具有无比优越性；同时，自主化管理也和当前课改中自主学习、探究、交流等模式暗合，其都是在培养学生动手能力、思考能力等。这样的教育应该说是切合教育规律和学生身心健康发展规律的；但是，一个班级每天评8次班长，这样的教育管理模式不仅不能激励学生，反而会在某种程度上亵渎班长这个职务。毕竟，不是每个学生都能当班长，当班长至少应该在学习、纪律、管理等方面优于其他学生，才能起到引领示范带头作用，如果每个人都有资格当班长，班长这个在学生心目中的榜样作用将不复存在。

教育激励孩子的方式有很多，不一定非要让孩子当班长才能体现对孩子的尊重、激励、鼓励；相反，我倒认为这样的形式已经不是教育，而有点像孩童时代的“过家家”。我们知道，激励的方法有很多，比如表扬法、奖励法、鼓励法、评比法、荣誉法、示范法、引导法、参观访问法、谈话法、安慰法、批评法、惩罚法，此外，激励也分为正激励和负激励，方法很多、形式多样。如果一个班主任管理学生仅仅用班长这个在学生心目中最高的职位去“诱惑”学生，我不知道这样的教育会给学生树立一个什么样的价值观和人生观。

前不久，网络出现红极一时的小学五年级学生“五道杠”事件，已经让很多教师和教育人士质疑这种方式培养的学生将会朝什么样的道路发展。这样的教育会在学生心目中无形地形成一种官本位的思想，让学生不再是为了知识而学习，而是为了牟取权利而学习。一旦学生有这样的潜意识和想法，就会把牟取官位当作一种追求，那么，以后社会官员的腐败程度更会变本加厉。今天，中国官员腐败问题大家都痛心疾首，很多老百姓都非常痛恨这些贪官，但是，如果今天的教育不能从小引导学生正确认识官职，在学校的班干部竞争中养成弄虚作假、贿赂和以权谋私，让学生尝到甜头，那么，毕业后这些学生就会变本加厉，导致问题越演越烈。

“人之初、性本善，习相近、性相远”，是《三字经》里的第一句。很多学生却会流利地背诵，但是很多学生却不能弄懂其真谛。每个人生来就是善良的，没有好坏之分，有些人之所以表现出“恶”，根源在于后天的环境和教育在无形中让“恶”的因素得以生长，压制了善的一面。哪怕是一个十恶不赦的大坏蛋，其也有善的一面，“人之将死、其言也善”说的就是这个道理。因此，教育就是要通过知识、智慧等传递，在孩子心目中播种善的种子，压制“恶”的种子，才能培养出一个具有正确世界观和人生观的人。善的教育培养出善，不善的教育培养出“恶”。

教育学生，不仅仅是为了当前自己班级的管理、学科分数、班级排名、学生毕业考试成绩等，更重要的是要给学生注入一些生命的元素、人生的符号、道德的基因、做人的规则等，离开这些教育元素，教育将不再是教育、学校将不再是学校，仅仅是知识加工厂而已。教育不仅要顾及当前学生的学习，更要考虑学生将来的发展；教育不仅要考虑学校和教师的利益，更要谋划家长和学生的利益；教育不仅要考虑学生发展的问题，更要考虑国家和社会发展的问题。离开这些因素，都谈不上教育，仅仅是教书而已。

当前，很多有条件的国人都不愿意把孩子留在国内接受教育，其中一个很重要的因素的就是对当前的教育不信任、不放心。在这样一个教育大环境下，如果教育还不进行改革，还在进行一些花架子建设，甚至出现这种每天评8次班长式的形式大于内容的教育管理，我们就会让更多的家长对教育失去信心。这种值日班长模式，打破以前教育管理班长终身制（一学期或者一年），一定程度上激发学生的竞争性，引导学生积极向前，值得赞同和支持，但不能过度。一旦过度，就会出现过犹不及的现象，其不仅仅不再是创新，轻则会成为人们的笑料，重则会贻误学生的一生。

教育，不是用来谋取某种目的，也不是用来达成自己的某种愿望。教育就是用一种平和的态度走进学生，把学生生命成长需要的各种养料和元素传播给他们，把自己的生命和灵魂熔铸到里面。如果教育一味搞太多的花架子，伤害的不仅仅是学生。

激励性教育要恰当，只有恰当的教育，才能对学生形成一种正面的影响和激励，一旦过度，就会走向教育的反面。

教育“不懂”规律

几年前，论坛上曾有《裸体画风波》的讨论，当时我参与此讨论，对这个问题进行深入的分析，没想到的是后来和这个家长成了朋友。因为我在讨论文章里面写的很多事情这个家长都做了，而且，这个家长贴出这篇文章的时候已经是十年后的事。

《开学一月摧垮坚持6年教育观》一文作者对小学教育有深刻的体悟、认识和思考，短短不到3千字的文章里，容纳了大量的信息，让家长对当前小学教育担忧。现在很多人都明白，很多学校的差生不是孩子天生就是差生，而是被老师教差的。《裸体画风波》里的孩子如果不是母亲自己去呵护孩子的心灵，这个孩子最终会成为一个差生，成为教师眼中的“流氓”，但这个母亲懂教育，坚持引导孩子，最终收获了一个品学兼优的孩子。这也是作者林爻担心的问题，像现在学校这样的教育，若干年后我们会收获一个什么样的孩子。

教育培养的学生的灵魂，是心灵与心灵的沟通，是灵魂与灵魂的对话，是智慧与智慧的碰撞，以个性化教育去实现孩子的个性和品质。学校教育在习惯培养、纪律要求、作息时间、基本课程设置等方面进行统一的规范，这是科学的、符合规律的教育管理。但是，这个母亲看到另外一种“规范”，这样的规范让这个母亲胆战心惊，那就是学校给每个家长一份极为详尽的PPT，以及上厕所、铅笔、笔尖等都要进行统一的范式。家长发现与现代教育观尖锐对立的教育方法在她女儿入学后都在硬生生地发生着，触目惊心，于是，家长开始质疑这样过度的规范教育能否培养出一个具有个性化的孩子，而教育的创新何在，个性化教育何在。

如果说这样的规范教育有助于学校的管理，但另一种规范教育则让家长有些不解。学校给每个家长一份PPT极为详尽的购买清单，即对买什么样的本、笔、文具袋、文件袋、舞蹈鞋等都作出了详细的规定。家长于是去购买，但却不符合规范，于是受到老师的批评。最后母亲幡然悔悟，立刻起身带着女儿到老师推荐的商店去买了合乎要求的舞蹈鞋。不符合的不是商品本身，而是老师推荐的地方。家长的叙述虽然平和，但是我们却看到一个潜台词——教师在巨大商业利润面前放弃了教育的底线和尊严。教师把学生当成了“唐僧肉”，极大限度地在学生身上开发商业潜力，这样的教育已经不是教育，而是一种利润和买卖。

如果说第一种现象是违背教育规律的，那么第二种现象则是有悖于职业道德。任何职业都是需要道德的，教育作为培养人和塑造人灵魂的事业，更需要坚守职业道德。甚至作为一个家长都知道教育需要“独一无二”、“三分教七分等”和民主自由的氛围，教育是慢的事业，但是，唯独执行教育的教师却不懂，依然我行我素，依然故我。

现在的教育，尤其是大城市的教育，受到商业气息的污染越来越严重。有一年六一儿童节，一个大城市的孩子给国家领导表演京剧，表演前领导人给其化妆，结果演出结束后孩子不愿意洗去脸上的痕迹，因为是名人给自己化的妆的，想留着纪念。为什么会出现这种情况呢？我想，这不是偶然，而是必然。因为大城市教育受到商业污染和影响太严重，于是，培养出来的孩子必然有这样的行为。

写到这里，我想，家长质疑的已经不是个别教师，个别学校，而是质疑教育。毕竟家长所写的学校是一个优质的名牌小学，而这样的名牌小学都在对孩子进行产品似的统一划齐的复制生产，其他教育则更应该如此。归根结底出现这样的教育原因何在？作者背后的潜台词是教育中浓厚的商业气息和行政命令影响太深刻。无疑家长的认识和思考是非常清醒和理智的，甚至洞悉了事物的本质，对当前的教育弊端一针见血。这也是当前很多有条件的家长都愿意把孩子送到国外读书，根源就在这里。但是，送到国外读书不是解决问题的根本方法，甚至很多孩子因为远离母亲、远离熟悉的生活环境，以及自己自理能力不强，导致事情的结果南辕北辙。因此，解决问题的办法不是逃避，而是培养优质的学校和提供优质的教育服务，让教育从功利和浮躁中冷静下来，贴近教育规律，回归教育本质，这才是解决问题的根本之道。

这个教师的呐喊告诉我们教育者当自强。至少每个教育者应该坚守自己的道德底线，做一个问心无愧的教师，而不是把自己当“妖怪”，总想把学生当作“唐僧肉”吃，总想在学生身上发财；至少每个学校和教师应该坚持个性化教育，不要太功利。

《裸体画风波》和《开学一月摧垮坚持6年教育观》两个不同地域的家长质疑了同样一件事情：教育不懂规律、教育没有道德和责任感。尽管，教育不是万能的，也不是每个孩子都能教好，但是，像文章里面给教育列举的“罪状”，作为家长，真的有点担心。

大数据时代教育的陷阱与觉醒

教育进入大数据时代，进入全网络化管理和运作，对教育的发展起着巨大的影响作用。某个地区某个学校的教育情况、升学情况、奥数获奖情况，随时随地都在铺天盖地式的“狂轰滥炸”，充斥人们的眼球。于是，那些惹人眼球的数据则成为主宰教育发展趋势和走向的重要指挥棒，影响着教育的发展，也悄无声息地影响着每一个孩子的学习状态、生活状态、未来的人生发展，影响着每一个有学生的家庭，以及影响着一大批教育产业链的诞生。这些，无疑都是大数据时代带给教育的陷阱，而在此之前，教育并没有像今天这样疯狂，并没有像当今这样失去理智，并没有像现在这样“目中无人”，并非真正按照教育的规律和学生成长的规律为孩子们的成长做着教育的本职工作。尽管大数据时代所带来的教育陷阱和后果大家都清楚，但大家又都无能为力，只能像被“土匪”绑架了一样，只能跟着走，不能背叛、更不能逾越；否则，吃亏的永远都是家长和孩子。

马年新春不久，网上出现一个非常吸引人眼球的新闻。四川某县2006年的县高考状元大学毕业后没有找到理想的工作，便开始沉迷网络，四处流浪达4年之久，后来一个好心人看到他躺在户外的长椅上过冬夜，于心不忍通知其父母。这样的例子虽然是特例，就像当年北大毕业生陆步轩当屠夫的新闻曾一度传遍各地，充斥着人们的眼球，也应该拉伸每个人的神经。

大数据时代，作为教育者不能仅仅看小升初、中高考和奥赛等报喜数据，更要多了解一些零星的报忧数字，同时更要做一些深入细致的分析，或者做一些未雨绸缪的工作，才能避免大数据时代的教育陷阱和悲剧。最近十多年来，中国的教育发生了翻天覆地的变化，高校扩招给更多的人营造了就读大学的机会和条件，但大学并没有因此而提高教育质量，而是盲目地扩大地盘和队伍，师资力量、教育科研、教育管理和教育出口把关等并没有与时俱进；基础教育也从以前单纯的教育变得不再单纯，开始出现各种风起云涌的教育改革和浪潮，诸如创新教育、目标教育、素质教育、减负教育、新课改等口号一浪高过一浪，把各级教育人士拍打得晕头转向，但教育却没有获得实质性发展，在应试教育与素质教育之争的过程中，人们越是攻击应试教育而应试教育却越来越严重，人们追求分数、状元、名牌中小学和名牌大学的热情则越来越大，甚至这样的热情和呼声还引发了教育不输在起跑线上新的理论和口号，导致这样的竞争扩大到幼儿班甚至是学前教育。大数据时代，人们只看分数、名校，忽视学生素质、能力、思维、生命成长等，这是当前教育必须反思的行为。

一、分数让人迷失素质

媒体如此报道：让刘宁最引以为自豪的是2006年刘宁以近650分的高分成为该县的理科状元，并顺利被中国科技大学电子科学与技术专业录取。刘宁高中的班主任也在电话里给这个学生予极高的评价："他非常聪明，学习又很刻苦，是个非常优秀的学生。（当年）高考，只差一点就上清华大学了。"毋庸置疑，刘宁很优秀是不争的事实，但是，在这些分数之外的其他东西他又有多少呢？比如，被人们长期提到的素质和能力，这个状元又有多少呢？当我们今天看到这个曾经红极一时的高考状元"沦落"到这样的境地时，尽管这仅仅是个例，且是一个非常特殊的个例，但我们是否该反思点什么问题？尤其是前不久有人对恢复高考以来的各地状元进行一个跟踪调查，发现这些状元在大学生毕业后的工作和生活中并没有创造多大奇迹，并没有创造出像当年状元郎那样的辉煌，作为教育人士，是否应该反思一下其中的问题，探寻其中的奥秘所在。

我想这里面涉及两个问题，即高分数和高素质高能力的问题。高分数只是在小升初、中高考和大学阶段选择学校时特别有用，但在选择工作和进入工作状态后这种高分数会相对淡化，用人单位更看重的是这个人的素质和能力，以及这种能力能给本单位带来多大的价值，能为本单位创造多大的财富和创造多大的利益，这是单位看重的。就生命个体而言，高分数只在读书那几年特别有用，而素质和能力则是伴随每个人一生的东西，因为这些素质和能力会让生命个体一次又一次的跨越困难、一次又一次地超越自己，把自己推向人生和事业的巅峰。

素质教育和能力问题最近越来越被教育界重视。目前，不少高校纷纷加入自主招生行列，着重测试学生的素质和能力，然后在高考后降低几十分录取，表面看自主招生倾向素质和能力，但实则上是杯水车薪，没有解决多大实质性问题，甚至在2013年第国内数一数二的名牌大学也爆出自主招生腐败案，这多少让人有些担心和怀疑。在一线教育和教育部门考核教师和学校业绩的时候，分数和升学率依然是唯一的指标，这让一线教师和校长们不好操作，唯有疲于奔命式的追求高分数，来满足学生、家长和上级部门的各种诉求，完成教育者表面上的教育使命，但实际上还有更多的实质性的教育、更多的生命元素、文化素养等东西没有进入生命个体，没有与生命个体融合为一体，导致教育和素质能力成为“两张皮”，既不能完美融合，也不能有机统一，更好地服务于生命个体。因此，当前的教育，不能只看分数，更多的要给生命个体注入学科思维、创新能力、动手能力、文化涵养、道德品质、心理健康等素质，让这些素质成为润泽生命个体的灵魂。

二、现实让人迷失人生

不论是现在，还是以前，甚至在将来，都会有很多大学毕业生对自己找的第一份工作不会感到很满意，很多人会选择奋斗，用奋斗改变传奇；也有很多人因为不满而彻底放弃，甚至自暴自弃，当啃老族宅在家里，或者像刘宁一样在无情的现实面前迷失自己的人生而自暴自弃。中国特有的文化因素和环境导致学生找工作并不是真正的凭借一己之力在找工作，更多的好工作还有赖于父辈的关系、权利和人脉。因此，教育能做的事情就是引导生命个体在面对出现这样情况的时候，自己应该怎样去面对，如何去对待这些事情，如何走出这样的困境，引导生命个体不能因此而迷失自己的人生。

当前的教育，尽管对心理教育非常重视，但事实上心理教育并没有真正走进课堂，并没有真正走进学生的灵魂深处，并没有给生命个体带来一丝慰藉，有的只是无情的作业和让很多学生有些发腻的关爱。于是乎，人们不时就会看到有学生轻生、跳楼自杀等新闻。在很多挫折面前、很多情感问题面前，当生命个体想不明白、甚至有些看破红尘之后，就会选择轻松一跃，以极端的方式结束自己的生命，对于这样的方式，不知是在为自己解脱还是给那些施压于自己的老师们和无情的教育以抗议和“惩罚”。其实，这都是学生一度迷失人生方向和心理极度困惑的状态，但如果教育能够在学习的过程中对学生进行一些心理教育、心理疏导，当学生遇到这样的困惑和人生坎的时候，就知道自己该怎样做，采取什么样的方式去跨越这个坎，迈过这个坎。恰恰教育过分看重分数、看重那个唯一的标准，于是乎才会忽视生命个体的存在，忽视生命个体需要润泽，需要慰藉。这样的例子不仅仅是现代才有，自古以来就一直存在，正如《范进中举》里面的范进一样，会因为那个金榜而发疯发狂；现代人虽不至于发疯发狂，但会选择轻生。这些问题，都是因为忽视心理教育和疏导的结果，因此在教育过程中对生命个体实施生命教育，传授了这些基本的知识和方法，就会在很大程度上解除生命个体的烦恼和困惑，帮助他们走出迷途。

三、赞美教育经不起挫折

赞美教育，是最近几年非常流行的教育，甚至赞美教育这种形式发展得有些泛滥，形式超越了内容，迷失了教育的本质。但是，这样一种教育理念所导致的后果不会一时半会儿暴露出来，甚至在很长一段时间都看不到其危害。今天，当刘宁这个例子出现的时候，我们需要再次审视赞美教育，需要理性看待赞美教育。应该说，刘宁能够获得县高考状元，其从小到大都生活在赞美的光环中，从未遇到过自己不顺心的事情。正是这些看似非常有用的赞美教育，让其从未体会到失败，从未感受过批评，一旦在生活中出现不如意的时候，就不知道如何对待，甚至在巨大人生反差的情况下做出一些让常人无法理解的行为和事情。因此，赞美教育之所以可怕，可怕在于赞美教育就像“温水煮青蛙”那样去蚕食很多生命个体，让这些生命个体失去生命的韧性而迷失自己。

在生命成长过程中，赞美教育是不可或缺的，是非常重要的教育元素，这是树立生命个体自信和动力源泉的发端，没有赞美教育，就没有一个美好的生命个体诞生，就不会造就一个完美的生命个体。但是，仅仅有赞美教育是不够的，需要合理适度使用赞美，这样才能真正润泽生命个体。我们知道，从幼儿到小学阶段是最需要树立孩子自信的时候，这个阶段赞美教育应该占据生命个体教育的重要部分，但此时不能只有赞美教育，批评、惩罚、责任等教育同样不能缺失，但也不能多，只能适可而止；中学阶段，或者在中学阶段以后，赞美教育就要逐渐减少，更多的则是要树立责任、诚信、道德等教育，此时赞美教育要从重要位置转为次要位置，从主导位置转为从属位置，配合教育的主体元素进行有效的赞美，积极推进生命个体的成长；这样的教育在进入高中阶段和进入大学后更要减少，更多的是要让生命个体体会承担责任的体验和担当精神，以及享受成功所带来的生命愉悦感，在成功幸福指数的引导下超越自我，而不是来自于老师和父母那些虚无缥缈的赞美。因此，赞美教育要学会转化，而不是一成不变的东西，而是随着生命个体的发展而改变，以及不同时段进行改变，一旦赞美教育被僵化，这样的教育不是教育的福音而是教育的灾难。

四、大数据教育时代教育的觉醒与自救

教育不能只在分数上做文章，更要在素质和能力上下功夫，这才是真正的造就生命的最有效方法。正如祝启程校长提出的“双高”质量一样，要达到高分数和高素质的完美结合与统一，“高分数我要，高素质我也要，两手都要抓，两手都要硬，缺少任何一个方面，都不具备真正人才的品质，都不是真正具有中国灵魂世界眼光的现代人的标准”。当前，教育要觉醒和自救，不能只在分数上做文章，高分数不是教育的全部，要在帮助学生获得高分数的同时获得高素质，这才是现代教育者要做的事情，这才是现代教育要努力改革的方向。

这种觉醒和自救，在目前看来，学校能够做到的应该不会很多，学校会觉醒但不会做到多少自救，毕竟，分数是学校和教师生存的唯一生命线，离开这条生命线，教师的生计问题和学校的存亡问题都会受到不同程度的影响。就像那些为政一方的政府官员一样，考虑的只是自己这一届任内的问题，至于这个城市长远的发展也许跟他们没有多大关系。

教育目前也存在这样一个危险的问题，大家都清楚，都心知肚明，都知道该怎么做但却又不能做、不敢做。因此，这样的觉醒和自救更多的需要家长去完成，或者说需要家庭教育去完成。为了孩子终生的幸福和发展，家庭教育要实现这样的华丽转身和蜕变，需要从分数教育中走出来，不能视分数为唯一目标，不能在分数上纠缠不休，在追求高分数的同时要在高素质上下功夫，解放孩子，不给孩子施加过多的压力，让孩子有时间和自由去思考自己的人生和做自己感兴趣的事情、自己擅长的事情。当然，在这个过程中家长要给予孩子积极的支持、帮助、辅导、设计，甚至有意无意的进行一些人生规划，引导孩子从单一的分数和作业中走出来，从事更多有意义的活动，不仅润泽生命，也有益于生命个体全面发展，更有益于长远发展。

第三节 呼唤有理想的教育

——对教育改革的批判（一）

呼唤有理想的教育

钱学森曾对温家宝总理说："现在中国没有完全发展起来，一个重要原因是没有一所大学能够按照培养科学技术发明人才的模式去办学，没有自己独特的创新的东西，老是冒不出杰出人才。这是很大的问题。"

很多人于是开始探寻中国为什么培养不出杰出的创新型人才这个命题的答案，这似乎成为当前中国教育界的"哥德巴赫猜想"，都知道答案是什么，但又不知道真正的答案是什么，找不到"解题"的思路。

很多人开始追问，是大学的问题吗？大学肯定不会把这样一个问责揽到自己身上。于是开始往下追，那一定是中小学这个基础教育出了问题，问题在什么地方？中小学肯定也不会把这个责任往自己身上揽，于是大家又得出一个结论，那就是应该被"千刀万剐"的应试教育，应试教育是罪魁祸首。但应试教育跟中小学教育虽有直接的关系，但间接的关系却是高考指挥棒，属于教育制度本身的问题。因此，大家又把这个命题踢回给政府，这成了当前中国教育界的"哥德巴赫猜想"，谁都知道答案，但谁都解不了。

应试教育成为当前中国教育最大的罪魁祸首，还有更多的东西往应试教育这个箩筐里面装，只要是教育出现的问题，都会问责到应试教育身上。有人为了把这个问题说的更加清楚，对恢复高考后30多年的高考状元进行跟踪调查，发现这些当年红极一时的高考状元在大学毕业后基本上都默默无闻，很多人都不理解这个问题，甚至很多专家都得出一致的结论：应试教育"杀戮"了这些状元的灵气。这个结论表面看很对，似乎就是这么回事，于是万夫直指当前的应试教育。说实话，把高考状元毕业后的普通状态问责到应试教育身上，真有点岳飞遭遇的"莫须有"

的罪名，为应试教育叫屈。

应试教育有问题吗？肯定有，但不是人们所说的那样严重。尽管应试教育有很多不是，存在不少问题，但并不是所有教育出现的问题都可往应试教育身上推，让应试教育承担不是自己应承担的责任。

任何事物都有其自身的优势和劣势，20 年前曾有人对中美教育进行了一个比较，认为中国的应试教育弊端百出，而美国的教育却完美无缺，但事实上，现在美国也在反思自己的教育，尽管在创新等方面做得不错，但却也有很大局限性，于是，也在不断的研究和学习中国的应试教育。因此，任何教育都有自身的优势和不足，我们学习外国先进教育的同时也不能丢弃自身的教育，应试教育自身有很多值得肯定的地方。既然如此，高考状元毕业后默默无闻根源在什么地方？

我曾看到这样一个故事：75 个诺贝尔奖获得者在巴黎聚会，有记者采访其中一位科学家，问其在什么时候学的知识最有用。结果这个科学家告诉他是幼儿园学的知识最有用。记者不信，问了很多科学家，都是同样的答案。于是记者得出一个结论：人一生最重要的教育就是习惯教育，好习惯成就好人生。作为诺贝尔奖获得者这样顶级的科学家认为自己一生学习最重要的不是简单的知识，也不是上课学校教师进行的思维训练、创新精神培养等，反而认为是从小父母和幼儿园教师交给自己的习惯教育。的确，好习惯成就好人生，因为一个人有好习惯就有一个好品质，这种习惯和品质就能成为一个人一生享受不尽的精神财富，这种财富会成为一个人一生中取之不竭的创新之源。

一个人一生中仅仅有好习惯是不够的，好习惯仅仅是一个人一生事业和发展的起点，如果要有大成就，还需要有远大的理想。我曾阅读过上百万字关于诺贝尔奖获得者和一些伟大科学家的故事，得出了这样一个结论：这些科学家没有哪一个不是从小就善于观察思考、分析问题，同时还拥有远大的理想。正是这些品质和这个远大的理想，让其在毕业后和毕业前人生学习始终保持一个状态，正是这个不断持续的学习和研究、创新与进取，才造就了他们非凡的业绩，而这些业绩与是不是高考状元无关，而与自己的人生理想和人生状态有关。

一个人要想有伟大的成就，重要的是要有一个伟大的理想，理想越远大获得的成就也就越远大。因此，高考状元毕业后没有获得作为一个状元应有的业绩，最根本的原因不是应试教育，而是他们的理想不够远大。一个没有远大理想的人，其只能按照一个普通的发展道路行走人生，然后再也没有什么作为。因此，当他们大学毕业后，已经完成了自己的人生理想，于是，在找到的一份不错的工作和薪水，然后就会停滞不前，其结果当然会一生碌碌无为，表现非常平常；相反，如果有一个远大的理想，就会在生活的过程中不断奔跑、不断奋斗。中外的科学家，没有哪一个不是在大学毕业，乃至研究生、博士生毕业后，都在不断地奋斗、探索，最后才取得了举世瞩目的成就。从华罗庚到陈景润、再到杨振宁等，这些人无一不是在毕业后继续努力才取得的成就，而这些努力跟当初他们远大的理想有关，与是不是高考状元没有多大直接的关系。

毛泽东从小就有伟大的理想，根源就在于他从小就遇到了一个人生的导师，这个导师从小就对他进行了理想教育，在他心中根植了报效祖国的伟大理想，于是，他才有“孩儿离家出乡关，学不成名誓不还；埋骨何须桑梓地，人生无处不青山”的伟大人生志向和抱负，才会创造出惊天动地的伟业。

今天在和平年代，教师同样要对学生进行理想教育。今天的理想不是战争年代的保家卫国，而是要把自己培养成一个高科技人才，用知识和科技去促进国家的发展。当前，钓鱼岛事件发生后，国家不失时机地推出航空母舰，这个先进科技的出现，无疑告诉世人中国的科技水平和实力，在一定程度上对外国具有很大的震撼和震慑作用。目前，我们抵制日货，但国货当自强，国货自强最根本的就要靠科技创新能力。因此，教师就是要对学生进行理想教育，而不仅仅是知识教育。每个学生学习的目的不仅仅是为自身发展，更要为国家的发展和进步而努力。

教育家办学理想与现实距离的软肋

温家宝总理多次提到教育家办学，国家和社会需要具有教育家办学思想的校长们给教育界带来新气象。十八大以来，办人民满意的教育也成为的一个焦点问题。国家和社会渴望教育家办学，需要有这样的校长来改变一个学校、一个地区的教育，但是，为什么我国目前真正具有教育家办学品质的校长却寥寥无几。千呼万唤却唤不出具有教育家办学思想的校长，根源何在？

前段时间，雷夫在中国一夜之间爆红，走进了中国教育的每一个角落。很多媒体、专家开始关注雷夫、解读雷夫，希望从雷夫的教育思想、行为、教育专著和演讲中找到目前教育亟须解决的一些问题，并希望能改变中国教育的现状。雷夫能成为中国教育的救星和希望吗？能否在中国教育大地以星火燎原之势点燃中国教育的希望、播种中国教育的未来？答案是否定的，雷夫救不了中国教育，雷夫也不可能改变中国教育。因为，雷夫成长和生活的教育环境与中国目前的教育环境不同，他拥有国家政策、教育方针、家长支持和自身良好的教育素养等天时地利人和的因素，于是，才诞生了雷夫教育传奇。但如果想把雷夫的成功“移植”到中国教育，无疑是无源之水、无本之木。

雷夫救不了中国教育，也不会给中国教育带来希望，根源在于中国教师和校长没有雷夫那种去行政化管理的人文环境。的确，中国现在国家政府力量对教育管得过多、管得过死、管得过严，这一方面有利于政府对教育和学校的引导，但另一方面却在很大程度上束缚了教育者的手脚，导致教育管理不能创新，不敢创新，不能真正按照教育规律和人民对教育的需求办学。不仅如此，甚至很多地方校长，只能按照上级文件和指示去管理学校，以能按时完成上级各种文件布置的差事、检查、会议为己任，无暇顾及也没有精力去创造性地管理学校，更不要说静下心来对学校管理、发展、建设进行谋划。

上级行政部门到底对学校进行了多少教育束缚，到底对学校进行了多少管理？2013 年 1 月 21 日，“浙江在线·教育频道”报道，眉山市东坡区教育局 2012 年共下发“红头文件”破 500 次。一位校长倒苦水说“哪还有时间和精力去抓教学和管理”，《华西都市报》记者从东坡区多位校长处得到了证实。据校长们提供的署有“眉山市东坡区教育局文件”字样的“红头文件”显示，从2012年2月15日该局下发“1号文件”起到2012年12月27日下发“503号文件”止，在短短十个月的时间里就发了503个文件。503个文件可不是一个小数目，可见行政管理对一线教育管得过多过细过死，这样的管理扼住了校长的咽喉，校长发不出自己的声音，限制了校长创新的热情和阻碍了学校的发展。因此，教育家办学理想与现实距离的软肋就是行政力量对教育管得过多过死。

文件多仅仅是一个表面现象，每个文件都是一项具体的工作或者任务，因此，文件多背后藏着一件让学校“最头疼”的事情，那就是学校须按照文件要求做佐证材料。甚至有的校长提到校园内是否有标准旗台，旗杆是否悬挂国旗，这个问题上级在检查时一眼可见，但按要求必须拍照附说明，作为材料存档。其实，这都是教育局对学校实行目标化管理所导致的结果，也是一种对校长不信任、不放权的专制管理行为。面对这个现象，校长们大倒苦水，对“会议时间长”、“汇报材料需精益求精”等现象深恶痛绝，并一针见血地指出“文山会海已成为形式主义首害”，这不仅仅是文山会海的问题，而是独断专权管理的一个外在反映。

可见，校长们要应付上级检查和各种任务是多么繁重。但是，这件事情曝光之后，东坡区教育局并没有反思自己的管理是否过多过细，而是得出了改革文件编号的“药方”的结论，即将“拉通编号”改为“分流编号”，这样就不会再出现突破500号文件的事情了。但是，文件编号得到了解决，校长身上的“紧箍咒”却没有得到缓解，文件还是那样多，任务还是那样重，标本都没有得到有效治理。

这个问题不仅仅存在于东坡区教育局，基本上就是当前基础教育的一个现状。最近几年，不仅大学和行政机构完成了政府部门改造，就连中小学行政机构都建设得和政府部门一样。笔者前不久看到自己以前工作的那个学校一个同事的QQ签名说“各科室请将上交的材料发离线文件”，觉得很惊奇，是不是这个同事调到教育局或者政府部门工作了。一问才知道，现在教育局对学校进行目标定位管理，对学校发展和建设都要以简报的方式上报，不看现场，只看材料和汇报。于是，学校必须按照上级指示办，同时也建立了对口部门和科室，很多教师减少上课工作量以专门从事这些事情。从教育局的角度出发，这是一种合理的管理方式，也是积极作为的一种方式，更是必须有的一种管理方式和引导，但是，一旦超过一定的限度，就过犹不及，失去最初的意愿。

目前，上级部门管得太多太死，这是目前很多校长所面临的一个非常苦恼的事情，但上级部门的管理，又不能不听。对于那些想干一番事业，想真正办学的校长来说，对上级不放权管理是无可奈何；对于那些“维持会长”、得过且过的校长而言，也是一件美事，反正以完成上级交办的事情为主，年底好查台账，实际除了应付了事之外，毫无功绩。上级部门一年发503个文件去管理一线学校和校长，可以看出政府乱作为比不作为的危害更大。因此，上级部门的作为方式一定要科学合理，只能从宏观上把握和调控，对于一些枝节问题，则放手让校长们自己去做。

教育家办学，是一个非常美丽的词语，更是一个非常美好的憧憬。人们都渴望教育家的出现，都希望有这样的校长和学校出现，引领学校的发展。但是，理想很丰满，现实很骨干，理想离现实有很大的距离，正是这个距离让很多有理想、想作为的校长失去了前进的动力。这也是为什么社会和政府渴望教育家出现，却出不了多少教育家，根源就在这里。一方面政府渴望并倡导教育家出现，但另一方面却不反思自己的管理行为，不寻找为什么中国教育出不了教育家，中国教育不能像外国教育那样出现能够代表一个时代、能够带动一个区域的教育家。某些专家学者和管理者一味地把目光聚焦在外国教育上，企图寻找到一个满意的答案，但却从未反思自己的管理行为是否科学合理，更没有用实际行动去改变自己的管理，从根本上去改变教育，为教育创设一个可供校长比较有自主权办学的环境，真正解放束缚校长行为的某些形式主义的东西。解放校长，才能解放教育；信任并放权给校长，才会迎来校长改革创新的新局面。

前不久，教育部印发了《义务教育学校校长专业标准（试行）》，第一次明确提出了校长的6项专业职能，从60个方面进行了全面规划，指出义务教育学校校长应该怎样管理，在日常管理中应该做到哪些思考和行动。应该说，这个校长专业化标准对校长的管理进行了一个顶层设计，是一个高屋建瓴式的纲领性文件，不仅具有理论的高度，也具有很强的可操作性，在一定程度上能起到规范校长办学、引领校长发展，并培养一批具有教育家办学理念的校长，以此促进义务教育的长足发展。如果一个校长能够在教育管理中自觉做到或者参照《义务教育学校校长专业标准（试行）》要求的60条标准去践行自己的管理，这样的校长也应该是一个非常有思想的校长，从某种意义上讲也算得上是教育家了。《义务教育学校校长专业标准（试行）》目前在征集阶段，褒贬不一，出现分歧的核心在于如何让这60条标准落地，如何让校长们在教育管理中能够践行这60条。如果这个问题得不到解决，再好的设计和引领，最终只能流产或流于形式。反观现在某些教育局对一线校长不放心，把很多权利收归教育局，不相信校长，不让校长放开手脚大胆革新，我想，最终的结果已不言自明，而我们的教育家办学梦终将又是一场空。

当今很多民办学校，在得到投资者和具有教育家办学思想的校长联手后，很多学校都能够在短短的一段时间内迅速崛起，成为一个地区教育的标杆、一个地区教育的形象，甚至在全国教育也是非常有名气的。根源在什么地方？我想，根源在这些校长获得了天时地利人和的条件，校长有充分的办学自主权、人事权、财权，能够按照自己的思想和规划去设计和发展学校，能够在一定程度上摆脱一些公办学校所受到的行政领导的干预和束缚，才获得这样的发展。换言之，教育管理要真正激活校长办学的创造性和热情，非放权校长不能为也。

当前，行政力量对教育的干预是非常大的，学校受到的影响也是空前的。因此，教育要发展，要实现教育家办学这一伟大教育梦想，非要减轻行政力量对教育过多干预不可；否则，教育家办学，只能是当前教育的一个梦，距离现实很遥远的一个梦。

东坡区教育局只不过是全国教育的一个缩影，其反应的问题在一定程度上代表了当前一线教育的现实，事后不仅没有从根本上思考解决问题的方法，而是采取一种逃避的方式进行应对，以打“太极拳”的方式和一线校长玩花样。如果全国的教育都采取这样的方式对待教育管理中出现的问题，不反思自己的管理行为，目前中国教育中出现的一些问题就真的难以得到根治，教育家办学就真的成了中国名副其实的教育梦。

特级教师不是特供教师

近日，成都市委、市政府决定对省、市特级校长和特级教师，采用“一本通”方式，在交通出行、医疗保健和运动健身等方面免费提供便捷优质服务。这个消息传出，不禁让我们思考，特级教师到底特殊在什么地方？彰显特级教师的最本质的东西在什么地方？笔者认为，对特级教师进入本省旅游场所实行免费制，是对特级教师的一种误读。

政府的本意是特级教师们辛苦了，应该利用各种时间多走走、多看看祖国大好河山，多锻炼一下自己的身体，本意非常好，也非常具有人性化。但是，这样一来，却抹杀了人人一律平等的规则。

我们知道，特级教师在工资和其他收入上，都比普通教师高很多，在地位上也比普通教师高很多。针对这样的情况，不是应该对特级教师们实行免费制，而是要像普通教师一样对待。毕竟，他们拿着高收入，就应该和普通教师一样，实行收费制，也给国家税收多做一点贡献。

前不久，国务院公布了有关五一节、国庆节、元旦节、春节放假小车不再收过路费的新闻，且各地都制订出了具体的措施。这个措施旨在促进先富起来的人更大力度地外出旅游，以此带动消费。毕竟，私车外出过路费是一笔非常昂贵的费用，一旦免去，就会节省一笔不小的开支，而很多国人都有一种“占便宜”的心理，这势必会大大促进外出人流量，以此带动内需。这是非常正确的，也是非常适宜的举措。但是，地方政府优待特级教师外出旅游景点“一本通”，彰显呆板模仿、毫无创意，伤害特级教师和其他教师之间的感情，人为制造一些不和谐因素。

特级教师的“特”不应该体现在这个地方，应该以另外一种合理的方式体现。我听过不少小初高特级教师的视频课，看过他们的课堂实录教案，看过很多特级教师文章，也在日常生活中和一些特级教师有一些接触，发现一个规律，那就是很多特级教师记忆力好，具有良好的思维品质、上课思维性非常强。我曾有一次听一个四川首批特级教师的语文课，当时就被他的课堂所吸引，因为其整个课堂贯穿着思维训练，通过文本解读促进学生思维力的发展和完善。因此，这样的教师，即使在没有新课改理念的前提下，也能按照新课改的课型模式上课，无形地按照新课改的要求上课。换言之，他们之所以能评上特级教师，就在于他们有一种自己上课的思维品质、思维模式，甚至在无形中改变了某些教育理念。

在现实生活中，既能被评为特级教师，又能进行写作的特级教师是非常少的。但是，很多特级教师因为历史的原因，自己不能用网络、不会电脑，也不会玩 QQ、论坛，只会弄一点简单的微博。很多特级教师其实是很想把自己的思想、教育艺术奉献给社会，但苦于不会用电脑，不能进行电脑写作，得不到最大限度的开发利用。即使偶尔有，也是一些媒体进行简答的采访，对于更多的特级教师来讲，没有这样的采访机会。这样的结果就只会让很多特级教师的思想得不到传播，得不到发表，让其固守在自己那个城堡里面，甚至会被历史和岁月湮没。这些特级教师的教育经验是非常可贵的，这样的浪费是巨大的。政府与其在旅游、医疗等方面优待特级教师，还不如给他们一些政策支持、经费支持，让他们能够安心做教育，按照教育规律做教育。

现在国家倡导教育家办学，因为教育家能够引领一个学校、影响一个群体的发展，就像陶行知那样，用自己的思想去影响一个时代的教育。但是，很多人又在质疑中国当前是否有教育家存在，总认为中国目前的教育很糟糕，其实，这一切都和人们认知有关。教育家也是从普通的教师成长起来的，也是从一线教育中一步一步做起来的，通过不断践行自己的教育思想、传播自己的教育经验，然后才成其为教育家。因此，政府需要做的，是给予具有教育家思想的教师、校长们一些实际的政策支持、物质支持、精神上的支持和鼓励，同时，给予他们恰当的引导，让他们能够按照教育的规律进行教育教学，在教书育人的过程中蜕变成教育家。

政府要做的事情，就是给予教育家真正的政策支持，比如让他们能够放开手脚做教育，让这些人真正把教育办好。同时，对于一些年老的特级教师，尤其是一些不会使用电脑的特级教师，政府可以组织一定人力，对他们的教育经验进行梳理、总结，并给予他们一定的出版的机会，让其思想能够得到传播、推广。

特级教师不是物质上的特供教师，在交通出行方面没有必要给予他们特殊的供给和照顾，倒是可以在教育政策、财力、物力等方面进行适当的支持、照顾，让其思想得到更大程度的扩展，影响更多的群体，而不是局限在一个狭小的范围内。

呼唤科学规范的中小学教师职称评审制度

2011 年 8 月 31 日召开的国务院常务会议决定扩大中小学教师职称制度改革试点，这意味着全国将有越来越多的中小学教师可以参评正高级职称。改革的主要内容是：

1. 建立统一的中小学教师职称制度，并设置正高级职称。职称系列依次为三级教师、二级教师、一级教师、高级教师和正高级教师。

2. 按照注重师德素养、教育教学工作实绩和一线实践经历的要求，完善教师专业技术水平评价标准条件。国家制定基本评价标准，各地区制定具体评价标准。对特别优秀的教师制定相应的破格评审条件。

3. 建立以同行专家评审为基础的业内评价机制，健全工作程序和评审规则，建立评审专家责任制，全面推行评价结果公示制度。

4. 实现与事业单位岗位聘用制度有效衔接。中小学教师职称评审在核定的岗位内进行，岗位出现空缺时教师可以跨校评聘。新的职称制度适用于普通中小学、职业中学、幼儿园、特殊教育学校和工读学校等。

一线教师欢迎国务院扩大中小学教师职称制度改革试点的做法，但对如何准确理解、掌握国务院中小学教师职称制度改革试点的政策与尺度，不少中小学教师还心存疑虑。

一、当前中小学教师职称评审存在的一些问题

作为一位在基础教育战线工作多年的教师，看到近些年来因职称评定影响教职工情绪，导致学校积蓄太多矛盾、纷争，甚至在一定程度上变成了“负激励”等诸多现象，觉得这问题有值得提出之必要。

一是个别学校把评审高级别职称的花环赠给校领导。我们不否定学校领导一般都由教学精英、课改能手组成，但职称评定特别是高级别职称评定绝大多数都评给领导或者领导的亲戚、与领导走得近的那些教师，这样的评审无疑会给广大教师一个错觉，仿佛高级别职称就是奖励给学校领导的专利。如果是那样，职称评定就失去了衡量教师工作业绩的应有作用。

二是职称评比依然存在论资排辈现象。一些中小学职称评审喜欢论资排辈，很难轮到年轻有为的教师评上高级职称，很多年轻有为者很难破格评审。更有甚者，职称评定已然演变成为个别学校的不正之风，收受贿赂、暗箱操作现象屡禁不绝。

三是职称考试成为一些机构乘机收费的借口。举行职称考试理所当然，但这却为一些机构乘机收费找到了借口。目前，在教师专业化成长过程中开展的诸多培训，很多都由国家或省级、县级部门免费进行，为什么职称评定考试这点钱非得要教师出？

四是职称评定与学生升学成绩挂钩。每个学校的生源不一样，班级与班级之间学生分配也不一样，教师配置更不一样，这些都有可能导致区域学校中学生成绩的很大差距，让职称评定与学生升学成绩挂钩显然不太合理。特别是政史地生音体美等副科教师，本身没有升学考试作为参照系，他们就不该评职称？即使有，也是一些“残羹剩饭”，甚至是一些点缀而已。

五是中小学职称高级别名额太少。这不足以满足教师群体的实际需要，尤其在名优学校和乡镇一级中小学这样两个教育界的极端，因名额原因导致的领导、教师之间矛盾紧张甚至冲突现象较为突出。

六是论文成为职称评定软肋。由于职称论文需求导致的学术论文质量下滑和学术腐败现象越演越烈，甚至因此而制造出大量的学术垃圾、科研垃圾，在很大程度上成为教育行政部门公正公平评定中小学教师职称的软肋。

二、职称改革，给力教育公平的杠杆

职称改革，根本目的在于激发大家热爱教育的激情，在于调动大家的工作积极性，给予教育正面的激励和引导。因此，职称改革要从广大教师的切身利益出发，以人为本，关注教师的生存状态；通过职称改革和工资改善来提高教师待遇，提高教师献身教育的热情，让教师们安心教育事业，乐于教书育人，真正促进教育事业的发展。这才是教育行政部门、学校有为有位、践行群众路线的关键所在；如果教育管理者不能为教育者谋取应有的经济利益，或者说不能解决教育者的经济问题和生活问题、可持续成长的发展资金，教育问题势必不能得到有效解决。为此，笔者建议：

（一）适当增加教师中、高级职称名额

就目前而言，各地投入到中小学校的中高级职称名额比例相对较小，应该根据调动骨干教师积极性，有效化解教师发展“高原现象”诸因素，适当增加中、高级职称比例，尤其是增加一线教师中、高级职称比例，同时这个指标必须与教育局等非教育岗位人员指标相脱离，不能让这部分人占据一线教师指标。同时还建议，如果教育人事部门和学校有财力，适当放宽校内、区域内教师职称中高级教师职称评定比例，让广大教师看到教师梦有可能实现的那一天。

1. 加大对乡镇学校的中教一级、高级职称的指标投入，比例可以偏重于乡镇学校。全国人大常委、中国教育学会副会长朱永新说：“这个制度（中小学正高级职称）并不能解决小学老师的大部分待遇问题，它也只是1%甚至于更少，所以我觉得对小学老师主要还是应该落实不低于同等公务员待遇这么一个基本要求。目前当务之急的，我觉得应该解决边远地区、农村地区和薄弱学校的教师的待遇地位问题，这个可能更为关键。”教师们期待的不是中小学实行正高级职称这个锦上添花的项目，而是需要大面积提高中小学教师中教一级、高级教师比例，需要的是大面积提高，而不是少数人的福祉。

2. 城市学校教师评职称，在同等条件下，可以优先考虑有乡镇中学或者农村中学教育经历的老师。

3. 提高大学毕业后就到乡镇中学从教的教师的起点工资，整体提高农村教师的待遇，让他们能够安心从教。一旦打破这种收入差距，乡镇学校优秀教师资源流失的情况相对得到控制，乡镇教育就会较大改善。

（二）中小学教师职称考试免费

各级教育人事部门应该充分考虑和顾及教师职称评定的切身利益，把教师参加职称评定考试的费用予以全免。这部分资金不多，各级教育行政部门、学校都能够承担。这样做的目的，是让那些收费机构更规范，教师也会感到职业的幸福与光荣，职称考试也更加庄严、神圣。

（三）全面考虑中小学教师专业能力和学术素养

职称评定与学生升学成绩没有必然联系。教师职称评定可以适当参考一下教师所教班级学生升学考试或平时考试的成绩，但应更多关注教师教学能力、师德风范、发展动力等诸多因素，还要考虑到从事音体美课程教师进步与发展，把职评机遇给予每一位教师。这里必须指出，学校干部在承担学校工作中投入最多，贡献最大，但职称评审不仅是用来奖励有贡献者，更在于用来肯定教师专业能力和学术素养优异者，学校行政人员应该充分认识到这一点，即使在同等条件下应该主动让一让，不要处处都把“好处”占完。

（四）职称论文评审应重质而非级别

教育人事部门规定职称评定需要合格足量的论文有其合理性，但是当前职称论文评审看重发表级别而非质量，长此下去，必将助长论文质量下滑和学术腐败。应该重视论文的质量，当然有人说，论文评审质量标准不好操作；既然是评委，就应该有这样的能力去评判论文的质量与价值，而不应该为这种“懒惰”提供合法的外衣。那种规定在核心期刊必须好多篇的做法和要求，实际上无助于教育论文质量水平高下的评判。在当前大家都有对论文发表渴求的背景下，一些所谓的核心期刊收费价格高得出奇，有的核心期刊版面被有实力的机构控制着，一般教师要想上一篇论文比登天还难，哪怕论文的质量再高。只要评审部门认起真来，找到那些有真才实学的专家作评委，相信职称评定重质量而非重级别的那一天就会很快到来。

我们国家职称评定实践已经多年，积累了十分丰富的经验。但是应该看到，由于职称评定涉及到学校每一位教师的切身利益，学校在评定过程中或多或少持一些偏见或者“不公”，容易导致教师与领导之间、教师与教师之间的诸多矛盾，影响教职工的工作积极性。我们既要充分肯定职称评定带给教育发展的积极性与有利因素，也要看到在职称评定过程中出现的一些人为操作不当带来的消极因素。撰写本文的初衷在于化解或转变诸多不利因素，调动各种积极因素，促进教师、学校的全面发展，为顺利实施素质教育保驾护航。

教育发展呼唤科学合理的教师培训

一年一度教师继续教育学时登记又开始了，我像往年一样，拿出自己在各种报刊上刊发的文章和这些文章的复印件，随带一份明确规定每篇文章算 5—10 个学时的教育局刊物，交给学校管理学时登记的崔教师。

崔老师告诉我说，职称评审政策可能有新变化，也许你这个不算。我想，怎么会这样呢？继续教育学时，只要教师在全国各大报刊上正规刊发的文章都算，而且基本上全国各地都是这样执行的，现在不算了，蹊跷出在什么地方？

前一阵子相关教育报纸都在转载河南省职称工作会议改革内容，说凡是河南改革试点的中小学教师申报副高及以下职称，论文不再作为必备条件。当时很多老师都欢呼，认为职称评定的春天来了，终于不再这样无理要求每个教师评职称需要交论文，很多教师再也不用花钱买版面刊发那些无用的“论文”了。这样一来，教育报刊的建设就能得到进一步的净化，主编们也能一门心思办刊、提高教育质量，真正做到为一线教育服务、为教师服务、为教育科研服务，为国家教育的提高服务，重塑教育报刊美好的媒体形象和宣传功能。教师们也能够在一个纯洁的教育媒体中自由呼吸，静心写作和教育研究，这样的结果不仅仅是教育媒体得到纯洁和质量大幅度提高，更重要的还会在一定程度上促进一线教育的发展和教育科研的发展，真正实现“以教促研、以研促教”的目的，换来教育大发展和学术氛围浓厚的百家争鸣、百花齐放的时代。如果真能出现这样的局面，倒是教育发展和教研发展的春天。我作为一个普通的作者，从来写作都是根据自己的兴趣，从来不介意稿费多少、刊发文章能给自己带来什么，能算多少学时，我所在意的是只要能够给自己的思想提供一个展示平台即可，其余皆可有可无，当然，有更好，来者不拒，没有不会强求。这也是每一个作者写作的根本目的，但目前教育媒体的潜规则让很多作者伤不起，更让教育伤不起。

的确，目前教师职评需要论文，但是很多不具备写作条件的教师也要评职称啊，怎么办？唯一的办法就是搞假。于是，很多手握权利的核心期刊便开始进行变通和改革，降低文章刊发要求并让作者花钱购买版面刊发文章，顺利通过职评那一关，让自己名利双收。这样的结果在一定程度上解决了很多教师刊发文章的问题，杂志社也获利，达到了双赢的局面，但是，却让期刊杂志自毁长城、搬起石头砸自己的脚，让期刊杂志自毁声誉、名誉扫地，甚至也累及到了很多作者，以至于很多正规刊发文章的作者也被很多人认为是花钱刊发的，以至于现在某些地方教育部门连这些文章学时也不算，可见其影响有多恶劣、其烂到了什么程度。职称评定做法确实需要改革，教育报刊市场更需要进行整治；否则，危及的不仅仅是教育报纸媒体形象这个简单的问题，更重要的是破坏教育的形象、破坏教育报刊引领一线教育发展的功能、降低中国教育在国际上的地位和声誉，以及影响中国教育可持续发展的大问题。

职评论文问题已经成为当前教育的一个热点话题和共识，于是有了河南省教育厅对职称评审的改革。但是，改革这个问题之后，还有很多问题随之而来，毕竟，教育是一块每一个妖怪都想吃的“唐僧肉”。于是，报刊刊发的文章不算了，甚至连学校组织的教育培训也不算了，必须要地方教育管理部门文件要求学习的会议才能折算继续教育学时。这意味着什么，大家都心知肚明，换言之，地方教育管理部门会巧立名目组织这类教育培训。针对这一现象，笔者提出以下质疑：

一是继续教育费用谁出的问题。教师继续学习很好，但关键的问题在于钱谁出。如果地方教育部门组织这些培训，如果免费或者收费很低，我想没有一个教师不愿意学习的，都想去提高自己的教育教学艺术和水平。关键是这样的培训不仅费用高，而且很多时候还是由自己掏腰包、学校不管，同时，还会与自己的上课相冲突。毕竟，现在公办学校尤其是乡镇公办教师的收入是非常微薄的，在民工高工资和当前高物价面前教师人格都显得非常的卑微，如果还要自己出这样一些昂贵的培训费用，生活该如何继续。

二是继续教育培训几率问题。笔者曾在农村乡镇中学工作整整十年之久，一共出去培训过六次，第一次是新教师岗前培训 3 天六场讲座，第二次是学校一个教师到外地上优质课比赛需要扎堂子顺便也参加学习，第三次是全国在重庆搞的粤教版教材优质课大赛去观摩，第四次是重庆市优质课大赛，第五次是县里举办的心理教师培训，没有人愿意这样每天往返跑而让我去参加了为期 8 天并花费我一个月的周六周日时间，第六次就是几年前新课改之初县教育局选派的课改专家到我校对每个教师的讲座，当时进行了几天。在长达十年的教书生涯中，我出去参加了学习也好、培训也罢，总共就这样六次。因此，一个教师每学期能出去多少次，能得到多少培训，又能够挣多少继续教育学时？如果用这样的方式来要求一线教师，多少教师又要为继续教育学时而奔忙了。以前可以通过花钱买版面找杂志编辑解决问题，以后就只有找地方政府教育部门找关系了，难怪现在好多年轻人都喜欢考公务员，原来根本的原因就在这个神奇的地方。

三是继续教育培训质量问题。继续教育最核心的还是质量问题，唯有解决这个问题，其他问题才能够迎刃而解。以那次新课程改革和心理教师培训为例，说实话，这样的培训想要解放教师思想、让教师甘愿投身于新课改这股洪流当中去，不敢恭维。如果领导者对新课改自己都没有搞清楚将走向何方，到底应该怎样改，而且毫无一线实践经验，这样漫无目的、全部空话套话，要想达到革旧出新的目的，天方夜谭，这也是很多人都在质疑为什么全国课改十年来收效甚微的根源。因为这样的培训仅仅完成了培训的一个形式，一个过场，即只有形式而没有获得实质的东西，没有触及课改的实质和撞击教师的灵魂，两者之间没有达成共鸣，只能是纸上谈兵。因此，不论何种继续教育培训，培训的质量和针对性都是首当其冲的，都是唯一考核的要求和标准。

四是继续教育培训目的何在。继续教育培训的目的到底是要提高教育教学水平和艺术，还是要给教师在职评上设置不同的关卡？这是继续教育和学习的一个根本的问题，更是一个核心问题。如果教育管理部门不解决这个问题，教育职评评审问题不论怎样改革、无论做什么样的调整，都是竹篮打水一场空，甚至可以说都是某些上级领导在教改上仅仅做做样子，而根本不顾一线教育实际、根本不顾教育民生的问题，都只能收到做足了形式、赚够了金银、却唱空了教育。

针对以上思考，笔者提出以下建议，希望这些建议和思考对继续教育和教育培训有一定的参考价值和启发。

一是有效解决教育培训认知问题。前面分析的过程中我提到了教育是人人都想吃的“唐僧肉”，谁都想长生不老，谁都想赚钱。但是，我们知道赚钱有道，任何事物离开一定的“道”或者背离这个“道”，就会朝相反的方向发展。现在，很多人都倾向于国外教育，其实，我们应该真正向国外教育学习的就是国外的教育培训制度。每一种教育培训都会是冲着赚钱这个目的而来，但赚钱要有一个限度和用一种合理的方式，一旦违背这个规则，这个事情就会变质。国内教育培训目前就是一种赤裸裸的赚钱，甚至不惜一切手段；相反，国外教育培训也会赚钱，但其培训内容和方式比较科学，其在培训费用上也不是单一的由员工支付而是由单位支付，同时，培训更注重实效性，而不仅仅是为了赚取员工的钱。目前国内的一些教育培训方式，给人的感觉不是在培训，而是在赤裸裸地赚钱。导致这样的原因在于国内对教育培训的作用认知度不高，或者说上级部门没有在培训上解决相关的费用导致的一些问题。因此，教育要继续发展，教师的可持续发展要进一步提升，教育培训要促进教师的专业化水平，如果教育主管部门和相关领导不解决对教育培训的认知问题，一切都会变得毫无价值，甚至这样的问题会越来越恶化，不仅让教师反感生厌，而且还会导致教育腐败问题。教育培训，只有解决教育培训的认知问题、解决教育培训的价值和方式，才能真正让培训走上一条健康的道路。

二是有效解决教育培训费用问题。现在公办学校实行绩效工资后，学校没有发奖金的资格，但以前那些收入都还在，换言之，现在公办学校继续教育资金是足够的，关键在于领导用不用、怎样用的问题。如果能把这些钱拿出来给教师做继续教育培训、选派教师出去学习考察、给教师购置教育书籍和教学设备等，这也是一件好事。尽管不像以前那样给教师发一点奖金，但是能在一定程度上提高教师专业化水平，能够在一定程度上解决教师继续教育和学习的费用，为什么不尝试呢。当前，不是大家都说国人读书不够，教师阅读力不行吗，问题在什么地方？教师培训费用太高，很多教师想消费却消费不起啊，就像我这样，我几乎不敢买昂贵的新书，100元钱最多能买3—4本书，而我每次都是到旧书市场和旧书网上去淘书，以及买打折书。一旦解决了培训费用和继续教育费用问题，再加上适当的考核制度，没有人不愿意学习。所有，教师不读书根源不在教师身上，而是教育管理制度上。一旦教育培训解决了教师的培训费用问题，教师们就会积极投身到教育培训中，真正实现提高专业化水平，以教师自身的发展去促进教育教学的发展和学生的发展，这才是目前解决教育发展的根本问题。上级政府部门对教育培训抓得很紧、盯得很急，但是却不在培训费用上想办法，反而想办法从教师腰包掏取微薄的收入，这样的教育培训认知无疑是错误的，更是阻碍教育发展的一个毒瘤。教育要改革和发展，首先要除掉的就是这个毒瘤。

三是有效解决教育培训质量问题。教育培训质量不高，这是当前基础教育培训中比较突出的现象。以至于某个校长发出了这样的感叹：都是一些老面孔、老生常谈，太没有意思，还不如自己在家看看书。因此，不论是教育组织者还是教育培训授课者，一定要提高自己培训的质量，要对自己培训的内容在某一个地区按照一定的梯度、难度和根据教师专业化水平发展的层次呈螺旋式上升，让每个培训者每一次都能感受到不同的内容、每一次都有不一样的收获、每一次都能有一种“脱胎换骨”的感受，这样才能真正让教师爱上学习、喜欢或者说不反感教育培训。一旦教育培训达到了这样的目的，那么，也就解决了目前很多教师不学习的问题。教师厌恶培训和学生厌学其实也有异曲同工之妙，关键在于是否有一个博大精深的课堂去吸引那些需要培训的群体。现在很多教师之所以不愿意培训，甚至很多在参加培训的过程中就提前开溜出去办事或者逛街去了，难道教师真的没有自觉性？答案是否定的，根源在于教育培训的高度、思想性、实效性和可操作性，即培训的有用性，一旦教育培训达到这样的培训质量，我想，无论哪个听课者都不会走出会场，都会认真的思考和学习。

四是有效解决教育培训有序问题。现在的教育培训，几乎都处于一种无序状态，没有一定的组织性和科学安排性，这样杂乱无章的培训，能收到多大效果？东辰国际学校校长祝启程每学期都要对全体干部进行4次左右培训，每次培训主题明确，每次都亲自培训干部，以提高干部的管理能力；每一学期至少要对全校教师进行2－3次教育培训，每次培训都是请外来专家和自己培训相结合的方式，主题明确，根据学校每学期发展的进程和学校发展的实际，选择不同类型的专家，进行螺旋式的教育培训。如果能够这样有序培训，让教师明确自己每个时期、每个发展阶段应该做什么，这些培训就是专门针对当前教师在教育教学中的一些问题和困惑而进行的教育培训，有谁不愿意听呢？培训质量和效果又怎能不好呢？

解决教育培训有序问题，学校每学期可以让一部分教师承担相对重一点的课程，同时腾出几个教师，最好每个学科都选一个，轮流选派这些教师到高校进行为期1月、2月、半年专职的教师职业培训，让高校继续教育学院进行有针对性的教育培训，就像当初读师范时一样的学习，潜心学习；或者对那些能够考上在职研究生的教师给予费用上的补助、教学和工作上的支持，积极鼓励和支持这些教师到大学读在职研究生，而不是像前几年为了提高教师学历水平全国教师都蜂拥去学函授本科，在短短5年左右的时间全部完成本科学历的函授任务，但教师的教育教学艺术却没有多大提高，仅仅解决了教师文凭问题。因此，现在的教育继续培训，不能继续走当初专升本函授教育的老路，不仅要有规模培训，更要有层次性、有序性培训，让教育继续培训真正落实到实处，让继续教育培训质量得到很大提高。

五是有效解决教育培训兴趣问题。教师学习也像学生一样，甚至比学生学习更挑剔，需要提高教师继续学习的兴趣。一旦继续教育培训解决了兴趣问题，上面的几个问题就不成问题；相反，一旦继续教育培训解决了前面三个问题，也能够在很大程度上激发教师的继续教育培训的兴趣。这应该是一个相辅相成的问题，一旦把它们割裂开来，就会处于一种尴尬的状态中，就像当前的教师培训和函授本科这类的继续教育所表现出来的问题一样，于事无补，对教育发展没有起到多大实质性的作用。因此，继续教育和教师培训应该把着力点放在教师的兴趣点上，唯有解决这些兴趣点，才能真正解决继续教育问题，才能真正引导教师继续学习，维持教师可持续发展力，让每个教师那一缸水或者一湖水永不枯竭、永远都是流动的一泓活水。

第四节　科学的课程观才是现代教育发展的出路

——对教育改革的批判（二）

科学的课程观才是现代教育发展的出路

前几年，学校周末补课蔚然成风，教育部门为了减轻学生学习负担和家长经济压力，同时也为了规范学校周末补课行为，发文通知学校一律不准补课；否则，就要追究校长和教师的责任。但是，这一行政命令的效果并不是很大，下面依然采取上有政策、下有对策的手段，依然我行我素。唯有一点得到制止就是，中学一年级学生不再补课，其他年级依然故我。后来，周末学生补课，出现一些安全事故，上级追究责任的时候，周末补课成为最大的死穴、一点击中。于是，这样的情况才得到一定的扭转。

学校不让补课，少数学生高兴，可以解放了，但多数学生和家长却陷入苦恼的境地，成绩怎么办？于是，一些课外辅导班应运而生，社会机构因为不受上级教育部门的管理，想怎么补就怎么补，想怎么收费就怎么收费。于是乎，学生的负担没有减轻，相反周末奔波于各个教育辅导班；家长的经济负担没有降低，反而是雪上加霜。少数教师则更是非常高兴，因为社会辅导班需要教师，尤其是名校教师上课，其支付的报酬是学校补课的几倍，甚至几十倍。

社会辅导班的教师笑了，因为双赢，他们在默默地感谢上级部门给予的生财之道；家长压力越来越大，因为双输，可谓苦不堪言。明知道这样的补课效果不是很大，但看到别人的孩子都在补，自己不补课，唯恐输的不是起跑线，而是在中长跑中落下。

几年前，重庆某名校教师因为寒暑假补课收入非常可观，于是辞去名校教师的工作，专心从事家庭教师行业，专门给学生补课，获得高额报酬。前几天，网上有新闻报道教师跨市补课周末来成都赚外快 1 年可挣 7 万元。原来，近年来成都补课市场发展迅猛，成都教师已经不能满足当地学生和家长的要求，附近区县的教师也加入这个行列，捞取丰厚的外快。

社会辅导班周末、寒暑假补课到底有多大作用？我想，那只不过是家长自己给自己的一颗定心丸而已，毕竟，这样的补课行为最终没有如正规学校期末考试、升学考试的验收，所有的结果都将由学校来做收尾工作。当然，这样的行为肯定会有一些效果，毕竟只要学生花费了时间和精力，成绩就会有所改善和提升。但是，这已经不是教育，而是一些加工厂似的反复训练。同时，这样的行为还将打乱学校教育进度和规律，让学校教育不好安排教学。

现行的社会补课行为，上级部门的规定并没有改善和减轻学生的学习负担，并没有减轻家长的经济负担，反而是越来越沉重，甚至让教育越来越变味。上级部门之所以能够在一纸行政命令下让学校放弃补课行为，根源在于周末补课不属于教育范围，学生出现安全事故上级不会为其担责，谁出娄子谁负责。这才是刹住补课行为的杀手锏，利益谁都要想，但责任谁都不想承担。因此，现在的补课行为不是有序进行，而是一种杂乱无章的行为，在某种程度上阻碍教育的进一步发展。

现行的补课很多都是为成绩而去的，但是，这样的行为一旦变成仅仅为了成绩而学习，这样的教学就已经不是教育，甚至可以说完全与教育不沾边了。教育，不仅仅是为了知识，更多的则是通过教学这种手段培养学生的思维能力、动手能力、分析能力和创新能力。补课行为人家要的是成绩，那么，补课者就会完全冲成绩而去，完全忽略思维训练等环节，因为这样的环节是一个慢的过程，需要一定的时间去“等待”孩子的生长。补课者们是没有这样的耐心去等待的，他们比应试教育变本加厉，完全不顾教育规律，在他们眼里只有钱和成绩，此外再无其他。

学校教育则完全不一样。学校教育还要守住学生的心，遵循教育规律而动，甚至老师会在课堂教学中等待学生智慧的生成、拿时间去有意识培养学生的思维。这些是补课行为所不能达到的。当然，以前学校周末补课之所以遭到很多质疑，根源就在于很多老师根据平日上课的进程，然后周末一般都是安排考试做试卷，然后评奖，导致很多学生认为做试卷还不如回去做。这样的补课行为也应该禁止。

学校周末补课需要一个科学的合理的课程设置，而不是用更多的时间去做试卷。同时，周末补课学校应该根据教学进度进行统一规划设计，根据周末的时间进行有效的布局，而不是由任课教师放任自由，想怎么做就怎么做，甚至很多老师根本就不备课而上课。

学校应该统一规划一定的时间对文化课程进行补充，同时结合平时教师的教学进度适当安排文化课程，弥补教学课时不足和家长追求分数的要求。同时，更多的则要结合学生兴趣、爱好、特长，进行一些分门别类的特长课程的设计和安排，这样的课程可以包括学生喜欢的音乐、舞蹈、绘画、形体、写作、阅读、讲座、体育特长、竞赛特长、武术、各种乐器、音乐创作、程序设计等课程，进行全方位的规划和设计。这样的规划和设计，就让周末变成一个开放的大课堂，把周末变成一个真正实施素质教育的殿堂以弥补平时教育时间的不足。我想，通过这样的设计和变革后，家长和学生提升成绩的愿望，以及照顾学生兴趣爱好等也能很好兼顾，同时，学校也方便统一管理，不至于让自己的课堂教学出现混乱，还能真正践行素质教育大课堂，让学校得到真正的改变和提高，这是双赢的结果。

学校这样统一规划，也不会占据家长更多时间，家长花费也不多，只不过在课程设置上进行了变革，符合家长和学校的初衷，同时也能适当提高教师待遇，减轻工资低的状况，也能兼顾学生兴趣。笔者一直在思考这样一个问题，为什么素质教育得不到真正的实施和落实？根源就在于没有时间和升学指挥棒的引领，导致学校不敢这样做。一旦学校对周末课程进行这样的变革之后，就能有大量的时间去做素质教育，让课堂教学和课外教学相结合。

笔者曾在雷夫的《56号教室的奇迹》里看到这样一个有趣的事情，

这恰恰是很多鼓吹雷夫的教育者忽视的问题，而这才是雷夫教育的本质和真谛：雷夫几乎将他的所有精力都投入到了他所在的班级——第56号教室。每天在校工作时间十多个小时，假日中的每一天都在无偿地教学生，从早上6点钟开始一直到下午5点钟，给学生教算术，讲文学，学历史，沉迷于莎士比亚戏剧的排练。

最近，我国各大媒体、教育机构、教育部门，甚至很多大学都在推崇雷夫教育，希望中国出现雷夫式教师。但是，很多人都没有看到雷夫教育的本质和真谛，没有推究雷夫教育出现奇迹的根源。在56号教室里面雷夫进行了一系列的教育，这样的教育都在触摸学生的灵魂、触及教育本质和规律的教育。同时，我们还更应该看到，雷夫作为一个一线教师，花了大量的时间在周末教育，他在周末时间里是非常自由的，不会担心中国式的安全问题。如果雷夫也遇到这样的问题，不准周末补课(他是有偿无偿先不管)、不准带学生出去搞实践活动，那他就不会创造奇迹。中国教育目前创造不了奇迹，很大因素不在于教师，而在于约束教师的东西太多，这就需要学校对周末进行大胆的革新，对周末课程进行大胆的设置，像雷夫那样，既结合应试教育做一定的文化课程教学，弥补一些学生考试分数的不足，又结合学生的兴趣和特长，进行一系列社会实践和兴趣课堂的探索和创新，让学生真正走进研究性学习，让教师真正从事研究性教学。我想，唯有如此周末补课问题才能得到很好的解决，既解决家长的经济负担和学生的学业困难，又解决学校的素质教育和教师收入的提高，还能建设特色学校、激发学生的兴趣，让很多厌学的学生重新找回学习的自信和乐趣。

如今的状况，不是学生不愿意学习，而是某些课程不适合学生的认知规律和兴趣，没有找到学校教育和学生发展的一个结合点。笔者认为，周末课程像雷夫那样进行大胆的改革和尝试，将有利于促进学校教学环境的纯洁、提高学校教育质量和品质，全面实施素质教育而激发学生学习兴趣，让教育得到改变和提高。

科学合理的课程观和教育理念，才是现代教育真正的出路。

新课改如何构建学生的学科思维

——以初中思想品德课教科版教材为例

每个学科的思维方式都是不一样的，都有属于自己的思维方式。教学的主要目的就是通过一些教学手段，通过知识载体等内容，不断培养和提升学生的学科思维方式。当每个学科都用各自的思维模式去培养和影响学生后，学生就能形成一种整体的思维方式，一种属于自己独特的思维方式。一旦教育能够实现培养学生思维能力和思维方式的目的，也就实现了教育最根本的目的。学科思维能力，简单而言就是要让学生学会用本学科专业术语和思维方式去解决在本学科学习和实践中遇到的问题。

一、政治教学培养学生学科思维能力的必要性

思想品德课现在已经完全发展为开卷考试，即以考查学生的理解能力、迁移能力、组合能力、思考能力为核心，改变了以前那种简单的背诵课本知识点，然后回答问题的时候把这些知识点原封不动地记忆并写下来即可获得高分。换言之，开卷考试之前的答案主要考查学生记忆能力而非思维能力，哪怕你记忆后什么也不懂，只要能记住题目和答案、能对号入座即可，这样的考试完全没有价值可言，至少说当年我们从初中到大学背诵记忆的那些关于思想品德（政治）课的内容，现在基本上都忘记了，除开当年升学考试能占据一点分数比例之外，再也没有对自己的人生产生过任何影响，体现出任何价值。开卷考试则不一样，其主要考查学生理解能力、思维能力、组合能力、语言组织能力等，即答案不一定能够在书上找到，但这些答案又隐藏在书的不同的章节和地方，需要用自己的思维去进行有效的组织，然后才能形成答案，或者说需要以不同的知识点从不同的侧面来反映和说明这个问题，这就是考查学生的能力。应该说这样的方式非常有效，我时常给学生讲，我现在的很多思维能力和知识、人生价值观的改变和认识等问题，都来源于在和同学们一起学这门课程中的收获，甚至我每上一次这样的课程，我的感悟都不一样，灵魂都会得到洗礼，心灵都会得到再一次提升；而且，我现在很多思辨能力和思维能力，都来源于此，因此，这门课提升了我的学科思维方式，培养和塑造了我的思维能力。

新课改核心在什么地方？我想，不论是什么形式的教育，都应该万流归宗，构建学生的思维能力。因此，教育的根本目的不在于仅仅学习简单的知识，而是要在学习的过程中以学习知识为基本载体，通过思悟等手段，以培养学生的学科思维能力为目的，以各个学科思维能力的培养去发掘学生不同领域的潜能，开发学习多元智能并形成一种整体思维能力，这才是教育。如果教育达不到这样目的，不论学生记忆力和储存功能多么强大，其也不过是一个简单的“移动硬盘”而毫无思维力、毫无活力、毫无创造力，必然成为一个僵化的个体。因此，现在教育的根本目的是要培养学生的学科思维能力，并以此培养学生创新精神。

二、培养学科思维，教师责无旁贷

学科思维能力和思维方式，是一个学生学习的重要方式，知识体系的建构仅仅是学习的一个表象，建构学科思维能力才是学习的根本。政治教育、历史教育、乃至语文教育，也需要像理科学习那样，建构起学科本身的思维能力，而不仅仅是很多人眼里的简单的知识记忆，甚至认为等到考试前进行突击复习和记忆，进行“现炒现卖”。当前，这样的教育时代和考试时代已经一去不复返了，教育要考查的是学生的能力和思维方式，需要的是学生的创新精神，而这些都需要学科思维能力去完成。

教育不能采取裸奔的方式进行赤裸裸的教学，不能采取那种短平快的方式直接给予学生结果，忽视那个缓慢的探究过程，这即是教育是慢的原因，也即是教育需要等待的原因所在。教育需要等待什么？其实等待的就是学生的成长，等待的就是学生学科思维的慢慢形成和培养，毕竟学科思维的培养与那种反复不停地做题、高强度地训练、直接奔赴主题式的教学效果是不一样的。它需要通过以知识教育为载体，在教育过程中拓宽学生的视野、培养学生的学科思维，并让这种思维能力与生命个体融为一体。

近年来迅速崛起并发展迅猛的高效课堂，很多都是追求结果的高效，其实质就是应试教育的翻版或变异；而那种在教学过程中注重对学生学科思维的培养和塑造，尽管一时半会赶不上那种高强度的训练方式，但这种以培养学科思维方式的教育模式，毕将以可持续发展的态势展示自己强大的发展后劲，尤其是在人一生的过程中显示出无法估量的作用，其实，这才是一种高效课堂，这才是一种过程的高效。前者是结果的高效，是一种显性的短时间的高效课堂；后者是教学过程的高效，是一种隐性的长时间的高效课堂。

培养学生学科思维能力，是教师责无旁贷的责任，尽管这样的过程相对比较漫长，不能立竿见影地看到效果，但这是真正的教育，真正培养人的教育，真正具有灵魂和温度的教育。教师需要这样的责任，更需要这样的自我舍弃与牺牲，去等待孩子的成长，去等待生命体的醒悟。

三、政治学科培养学生学科思维能力的措施举要

培养和塑造学生学科思维是教育规律所在，是每个学生成长所必需。每个学科都要培养学生的学科思维，这就是教育，这就是塑造人和培养人。笔者根据思想政治课这门学科以及自己对这个问题的认识，从一线角度去探索学科思维能力培养的有效途径。

1. 引导学生正确阅读本学科教材

很多教师会忽视学科教材的阅读能力，尤其是对于思想品德教材而言，很多学生乃至教师都认为教材没有什么可读性，道理写得非常清楚明白，字大家都认识，在阅读上几乎都没有什么障碍。事实上，这是一种误解，而在考试过程中很多学生都是由于阅读能力不强而失分。

阅读理解能力现在已经成为了文字性学科甚至也包括理科在内的学科的重大的障碍，培养学生的阅读能力，即是培养学生正确理解和解题，树立正确的科学的思维方式的根本和关键所在。比如教科版7年级（下）教材64页安德鲁·马斯德的《做个快乐的少年》一文：①“自律”不是人人都喜欢的字眼。但是，如果你能适度地自律，你的人生就会截然不同。人生就是这么回事，如果你贪图眼前的享受，就势必得不到长远的回报。②能够在小事上自律，不看电视、认真读书，就会得到大收获：更好的成绩。③能够在小事上自律，养成锻炼身体的习惯，就会得到大收获：健康的身体。④自律的关键是要知道自己“为什么”要这样做。如果你有想买的东西，就有助于你下定存钱的决心；如果你知道自己为什么想拥有更好的成绩，念起书来才会有精神。⑤如果你能够自律，你就不需要他人的管束。结果你就能够主宰你自己的生活，不需要旁人告诉你这样做或那样做。缺乏自律的人，就只有依靠外力来管束自己。

表面看这个文章很简单，谁都能读得懂，但教师要引导学生正确阅读本文，找到文本阅读的三个关键词：能适度自律的作用、自律的关键、缺乏自律怎样办？一旦学生能领会到这三个问题，阅读问题就解决了，而编者选编这篇文章的目的也达到了；相反，如果没有找到这几个关键词，那么，就完全没有达到教育阅读的目的，更不要说教化思想的目的。学生只有建立在阅读能力解决了的基础上，再进一步进行思想教育引领、从适度自律的作用、自律的关键、缺乏自律的措施等方面去引导学生，才能达到本节课自律教育的基本目的。

也许有老师说，这样的教育不是语文教育所特有的吗？为什么一个政治教师要去“多管闲事”？作为一个政治教师，种好自己的一亩三分地就对了，怎么还要去“种人家的田”，这不是多此一举吗？其实，这不是多管闲事，更不是多此一举，这是培养学生政治学科思维和能力必须要做好的基础工作。如果教师不帮助学生建立起政治阅读能力、政治阅读模式、政治阅读思维方法，用政治学科的思维方式去审读各种材料，那么，学生在自学阶段、讨论阶段以及在考试做题阶段就无法实现自身的超越，就无法获得真正的提升和改变。这不是多管闲事，而是在为本学科教学做万丈之基工程，这个工程不仅有利于本学科教学，还有利于提升学生从政治思维的角度去面对语文教育、考试，而且，在语文阅读和考试中如果遇到类似的问题，还可利用政治学科阅读思维方式，这也许会收到柳暗花明意想不到的效果。

2. 引导学生多角度思考问题

政治学科的思维模式一个重要的方法就是多角度思维问题，即要全面展示“横看侧岭侧成峰，远近高低各不同”的效果。正是基于这样的不同角度的思考问题，才能真正实现透过现象看本质，才能达到追本索源的根本目的。如果不能学会从多角度思维问题，就看不到问题的本质，也就无法探索到问题的根本，当然也达不到解决问题的目的。

事实上，多角度思考问题，是政治课长期考试的方法，也是很多命题者长期坚持不懈的出题模式，尤其是在当前开卷考试背景下，这样的思维模式更值得重视。毕竟，开卷考试的一个重要特征就是让学生“既有书可翻而又翻不到书”，其实质就是以这样的考试模式引导教师和学生从以前单一的记忆背诵向培养思维能力转型，如果教师不能在教学过程中坚持这样的教育思想和理念，没有培养和树立学生这样的思维模式，那么开卷考试就永远都是教师心中的疼。

以教科版 7 年级（下）教材 64 页《数学考试忘记公式》这个简单的漫画背景材料分析问题为例。教材的问题是“当你遇到这种情形时，你该怎么办?”其实，这样的问题毫无意义和价值，因为这个问题本身很容易导致学生说假话。即使问题还有一个隐含的问题“为什么呢”，学生照样能够按照这个“假话”思路整理答案：“因为考试忘记公式，不作弊，遵守考场秩序和纪律，这是在很好的自律”。

本来，按照本节课的教育目的，这个问题答案基本上已经明确，但是，从培养学生思维能力来说，这答案还没有完整。因此，在教学过程中，如果教师把这个问题稍微变化一下，就能很好地引导和培养学生的多角度思维。教师把问题转化为“①当你遇到这种情形时，你该怎么办，为什么呢?”②我们还能从哪些角度去认识这个问题？或者直接把题目变化成“当你遇到这种情形时，你该怎么办？我们能从哪些角度去认识这个问题?”这样一来，教师就可以引导学生进行积极的小组讨论、展开丰富的想象力，引导学生从各个角度去思考问题。而最终的结果，可以引导学生对以前学习的教材知识点进行一个简单的回忆、梳理，然后得出这样一些结论：①学生在考试时忘记公式，要坚持遵守考场秩序和纪律，不能作弊，这是在很好的自律。②每个学生都要坚持诚信的品质，考试作弊，其实就是不诚信，即使因为作弊能够获得高分，也是一件很不光荣的事情。③每个学生都要坚持责任意识，因为考试是对每个学生一个阶段学习情况的检测，如果采取作弊方式，就会导致老师和自己都不知道学习的真实情况，这会影响教师的教学判断和后续补救工作，这也是一种对自己不负责的表现。

只要解决了以上这个问题，对于教材上“乘坐无人售票的公共汽车”和“即使在没有交警的情况下，你也能遵守交通规则吗？为什么？”这两个问题，就能举一反三，根据这个思维模式展开思考，从多角度去探索这些问题的本真。因此，我认为培养学生思维能力，除开正确阅读教材外，还得这样正确地使用教材。这样，才能真正贴近开卷考试的目标，也才能引导学生认真进行思维和培养正确的思维模式。

3. 引导学生正确使用学科术语

思想政治课与语文现代文阅读具有异曲同工之妙，都是在阐述一个问题，都通过表面的材料分析本质问题，并对这些问题作出合理的解释或者解答。这样的考试表面看很简单，实则具有一定的难度，正如“只可意会不可言传”一词所要表达的意思一样，很多时候能理解和领会某个问题，但却不一定能够用精准的、简短的语言进行描述。这也是一种能力，即语言组织能力和语言表达能力，这种能力甚至比理解文本的能力更重要。

思想政治课的答案组织和语文课现代文阅读理解题的答案组织不一样，有着根本的区别。现代文阅读理解题与思想品德课尽管都是把道理说清楚，但相对而言现代文阅读答案组织要求要低一些，即只需要说清楚内容、意思、或者告诉的道理即可；而思想品德课的答案组织，除开要讲清楚道理之外，还需要用“政治术语”作答，即道理＋政治术语；否则，阅卷教师看到答案中没有“政治术语”就会被视为“口水话”，这样的答案无论如何也是不能过关的。比如，在上面一个问题中设置的答案，必须有“自律”“诚信”“责任”，如果没有几个专业术语，那这样的回答就是“口水话”，不是政治学科回答方式。

这个问题看似简单，道理也浅显易懂，但在很多学生那里，还真的是一个非常严重的问题。一旦学生在上课回答问题时或者考试试卷书写的过程中，能坚持使用政治术语进行回答，那效果是有天壤之别的。尤其是在上课回答问题时，能出现这样的学科词语和不出现这样的学科术语，给人的感觉是完全不一样的。因此，培养学生使用学科术语，这也是一种非常重要的思维方式，一旦养成了这样的思维方式，学生就能按照这样的方式去思考问题，就能在每次回答问题或者考试时首先想到的不是如何圆满回答这个问题，首先跳入脑海的问题是命题者要考查哪个知识点或者哪些知识点，或者说哪些知识点与这个问题有关系，然后先找出这些知识点，再用学科术语把这个道理解释清楚。相反，如果学生没有养成正确使用政治术语的方法，在回答问题时首先想到的肯定不是考点，而是随口把这些问题解释清楚即可，这势必导致思维逻辑是随意的、随性的，没有踩在命题者的节奏上，考试必然不会获得好成绩。

4. 引导学生树立辩证思维能力

辩证思维能力，这是政治学科必须具备的一种思维能力，也是每个人都应该树立的一种思维能力。如果一个人没有辩证思维能力，就不能洞察事物的本质。应该说这种思维能力是一种很重要的思维方式，且在政治学上说得有点玄乎，但作为初中政治教学，我们不能说得太复杂，而是把复杂问题简单化、把大问题小事化，这样就能深入浅出地引导学生树立和培养这样的思维方式。

辩证思维能力，简单地讲就是采用正反角度看问题，既要看到事物对的一面，也要看到事物不对的一面，同时，对与不对都是相对的，且要能够把握其各自所占的比例和成分。教科版 7 年级（下）教材 29 页在讲认知调节时所举的例子是：“一个鞋业公司派一名推销员去一个岛上推销鞋子，推销员达到目的地后发现岛上的居民没有人穿鞋子，便非常沮丧地回公司了；另外一名推销员听说这个事情后，非常高兴，且主动要求去推销鞋子。”这里，主要讲认知调节，我们不妨对这个例子稍微多做一点分析，不仅能引导学生正确认知调节，也能树立辩证思维能力。继续给学生分析这个故事："因为这个推销员发现，既然这个岛屿上没有一个人穿鞋子，如果每个人买一双鞋子，那销售量多大？如果每个人能购买一双鞋换用，那销售量更要翻倍。现在自己要做的工作就是转换这些人的认识，让他们接受穿鞋的好处。"这既是认知问题，其实也是辩证思考的问题，即我们在看问题时，既看到表面不利的一面，还要进行深层次的分析，分析不利因素背后隐藏的有利因素。这个例子类同于推销员向和尚推销木梳的故事。

为了培养学生的辩证思维能力，还可以用下面这个故事来说明，让学生产生触类旁通的效果，也增加学生视野的宽度。比如，秀才进京赶考的故事："从前，有一位秀才进京赶考。他走了很远的路到了京城，找了一家客栈住下，第一天晚上就做了三个梦：第一个梦梦见自己在城墙上种白菜、第二个梦梦见自己下雨天头上戴着斗笠手里还撑着一把雨伞、第三个梦梦见自己和心仪的表妹背靠背地睡在一张床上"，他百思不得其解，于是遍访京城解梦大师解梦。大师掐指一算，肯定地说："你今年的考试无望，因为城墙上种白菜，哪里种得出来，岂不是白种；下雨天头上戴着斗笠手里还撑着一把雨伞岂不是多此一举；梦见自己和心仪的表妹背靠背地睡在一张床上岂不是没戏。"如此一解，符合常理推论，也符合生活规律，因此，秀才听后句句在理，既然无望，就不必再白花银子，不如打道回府三年后再来。此时，客栈老板看到他要回去，就问他到底发生了什么事，得知情况后，老板就帮他解梦并且肯定地说："你今年有大喜、必定高中无疑。为什么呢，因为城墙上种白菜意味高中、下雨天头上戴着斗笠手里还撑着一把雨伞那是双保险、梦见自己和心仪的表妹背靠背地睡在一张床上只要一翻身就有戏。"秀才一听，也对啊，于是，鼓足勇气、信心百倍地参加考试去了。你看，其实这就是问题的正反两面，也就是一种辩证思维能力。如果秀才没有遇见这个老板的话，他就错过了当年的考试，也就错过了高中的机会。

5. 引导学生无意识记忆文本

思想品德课里面有很多有用的知识，这些知识在政治课考试的过程中是不纳入考试范围内的，但是，这些知识对一个人的文化素养提升有很大的好处。因此，尽管教材和考纲要求不考，但是我还是要求学生进行无意识记忆。这些知识包括教材里面出现的比较有意思的各种故事、某些比较有价值的文章、各种名人名言以及一些出现在教材里面的散乱的文化知识，另外还有我在教学过程中给学生补充的很多有趣的故事、案例等。我为什么要做这样一些看似很“无聊”的事情呢，做好这些事情跟我又有什么关系呢？其实，这不是“多管闲事”，而是从另外一个方面去培养学生的学科思维，或者学习思维方式。

我记得当初读书的时候，政治考试和语数外一样都是100分，当时大家都挺在意政治学科，而且当时几乎都是靠记忆技能得高分。于是，在上课的时候一般都是一边听讲、一边做笔记，还能一边记忆老师上课讲课的内容，把一些要背诵记忆的知识点进行有意识地记忆，等到下课的时候，基本上就识记了不少，下次再做简单的复习巩固就能记住这些知识。今天我要求学生做这样一些事情，其实有如此目的：第一，让学生上课养成记忆的好习惯；第二，引导学生养成无意识记忆；第三，让学生感觉到思想政治课的真正内涵和美好，并不都是一些枯燥的东西。通过这样的引导，学生在无意中发现这些知识对其他学科非常有用，就会真正爱上思想品德课，并从这个课程上学到更多的东西。

无意识记忆教材文本，这是我对学生一种分外的要求，这种要求不是强制性的，仅仅是一种要求而已，但每次这样说多了之后，总会有一些学生会按照这样的要求做。而且，我直接告诉学生，如果按照我这个要求去做，你会发现我上课讲的故事和书本上很多故事，你会在某次语文考试或作文写作中得到运用，这样能够提高你的作文成绩和写作能力。

隐性规则才是课堂规则的灵魂

课堂管理，其实是一个非常微妙的东西。很多专家学者说高效课堂、低效课堂、无效课堂，甚至还有说负效课堂，不论这些专家学者如何谈论基础教育的课堂，他们忽略了其中一个很重要的环节和道理，即课堂是一个动态的过程、学生是有灵性和思想的。往往很多管理者和研究者忽视这个问题的存在，总认为课堂是静止的，等待教师去实施自己的“施政纲领”、去发布自己的教育预设，其实，课堂预设是一个“死”的东西，是一些僵硬的教条，在课堂教学过程中需要把死变活，把这些僵硬变成灵活，做到这一点，课堂规则问题解决了，课堂教学问题也自然解决了。

无论是显性规则也好，还是隐性规则也罢，教学课堂都需要有规则，离开这样的规则，学生就不可能得到很好的约束，教学秩序就不能得到有效的控制和有序地进行。我认为，《中小学生行为规范》和校规、班规、科任教师上课的要求和规矩都属于显性的规则，要求学生必须这样做，才是一个合格的中小学生；而班主任和科任教师对学生进行的理想教育，以及父母对孩子学习成绩的要求等，都是一些隐性的规则，这些规则无形中引导学生必须要学好，为了自己的理想和目标而不断努力，遵守课堂纪律和规则则是达成这些目标的首要前提。课堂一旦失去这些显性和隐性的规则，课堂纪律就会失范，其表现就是很多学生故意不遵守课堂纪律，插科打诨、故意插嘴、摆龙门阵、看与本堂课无关的书等。因此，要想更好地营造课堂纪律和教学氛围，必须把显性规则和隐性规则有机结合，有效规范学生行为，引导学生更好地跟随课堂节奏，从而提高课堂效率。

显性规则和隐性规则，各自在不同的范围里起作用，相对而言，隐性规则比显性规则的约束力更有效。对于那些有理想的学生而言，隐性规则已经渗透到其血脉和思想，他们能够不断地自律，能够自觉遵守学习规则并让这些行为变成自身的一种良好习惯，故而显性规则基本上对这些学生毫无用处。显性规则针对的对象更多则是那些没有理想、学习目的不明确，或者自律性不强的人，需要班主任和科任教师在上课的过程中不断强化这些规则、不时地提醒这些学生，才能有效维护课堂秩序。很多时候，对于这类学生显性规则也没有用处，于是才会有教师课堂生气、师生发生冲突等行为。因此，要研究和解决课堂规则从“管理规范”走向“行动自觉”，我认为最根本的一点就是要解决这个问题，唯有解决好这个问题，规范和自觉才能得到有效解决。

解决课堂规则问题，仅仅要显性规则和强制力的约束是不能达到理想状态和教学目的，唯一要做的就是对学生进行理想教育、人生规划引领，以及全面考虑学生的未来发展和慰藉学生的心灵，这样才能让学生有理想和有一颗被润泽的心，一旦教育管理做好这些工作后，就会让隐性规则在学生的心中生根发芽，并发挥着巨大的作用。其实，很多时候，很多后进生或者问题生在一夜之间就发生“突变”和“变异”，像换一个人似的在学习和生活，似乎对人生大彻大悟，我想，根源就在于这种隐性规则对其产生的巨大作用。所以，教育要做的不是一味地强调显性规则，甚至大张旗鼓地对学生进行各种惩罚，相反，对于学生这个受教群体而言，更多的则应该是从显性规则中走出来，在隐性规则领域地大做文章，把隐性规则渗透到学生的灵魂和心灵深处，让其真正明白其中道理，晓之以情、动之以理、深入其心，这样才能真正起作用。

课堂规则文化要从“管理规范”走向“行动自觉”，需要做的就是在进行显性规则常规教育的同时，更多的要做好隐性规则的教育引导，这才能真正达成“行动自觉”的境界和效果。

幕课，是教育的觉醒还是教育膜拜

新课改还没有取得实质性进展、应试教育与素质教育纷争还没有结束、高效课堂之争还如火如荼进行，幕课又闯入人们的视野，教育又进入另外一个话题。幕课能不能像人们说的那样先进，能不能在现代教育中起到推波助澜的作用，给现代教育带来一丝福音，这需要我们去认识幕课的作用。就笔者对幕课的了解和一些思考，我认为对于幕课而言，人们更多地又陷入了一场新的追逐概念的陷阱中去了。因此，当人们热衷于新概念诞生和狂热的追捧时，需要冷静，不要陷入盲目的追捧。

一、幕课的主体受众范围有限制

幕课 MOOC 的全称是 massive openonline courses，即“大规模开放

式网络课堂”。什么是“大规模开放式网络课堂”呢？即一些学校把大学某些教授上课视频录制下来后放到网络上，然后只要进入网站注册就可以观看这些视频，享受到这些优质大学和教授们的精品课程，从而跨越学校和教师，学习到自己想学习的大学学校的课程，提高自己的学习兴趣，以此提高自己的学习效果。同时，中小学各重点学校，也按照这样的模式把名优学校和名优教师的课程视频建立一个开放的网络空间，供那些普通学校学生学习名优教师课程，提高学习效率。

幕课这一鲜明的学习特点，对制作幕课主题和受众范围都提出了一个非常严格的问题。制作主体需要对名优学校和教师的名优课程进行精心的录制和制作，这是一个相当大的工程，很多学校难以完成。我们现在在网络上看到的某些大学学校或者教授们的视频在网络上红极一时、点击率很高，其实，很大程度上都是一种像广告似的炒作，或者根本就是网络推手们在故意炒作，而且，这些视频很多并没有多大实质性的意义和价值，很多都是带有哗众取宠的效应，很多观看者也仅仅是跟风而已，其学习并没有获得多大实质性的进展。同时，这就对幕课观众也有很高的要求，观看者不是走马观花式的看看而已，也不是像百家讲坛和TED那样，毕竟，这样的课程仅仅适合那些已经大学毕业进入工作阶段的人群，或者针对某些需要提升文化素质的在校大学生，并不是针对中小学生的课堂。

其实，课堂实录等光盘形式或者网络视频形式，并不是最近才有的事情，也不仅仅是外国才有的事情，只不过给这种形式做了一个非常靓丽和光鲜的包装，给出了一个比较有吸引力和震撼力的词语——幕课。一旦完成这样的华丽包装之后，就把以前赤裸裸的网络视频变成了“幕课”，一个从此具有高雅大气的名词，再也不是当初那个混迹于江湖闹市的下里巴人，而是进行了华丽转身变成了阳春白雪，就像韦小宝由江湖小混混变成皇帝的跟班一样，外在形象发生了改变，但其内涵和实质依然故我。

最近几年，除了课堂实录、网络视频之外，还出现了点读机、学习器、电子书包等更现代的学习方式，最开始大家都以为这是一个促进现代教育和学习的重要手段，但根据这几年实施效果看，并没有取得多大实质性的效果，仅仅都是一些表面上的东西，并不能真正取代课堂授课，也并不能真正促进学生的学习。很好的一个例证就是，这样的一些新媒体并没有大规模地被运用，并没有获得实际的效果；相反，我们却看到一个非常奇怪的现象，那就是社会培训机构获得空前的发展，其培训模式和补课行为从大城市向小县城扩张，现在已经从小县城扩张到了乡镇，实现了一条“由城市包围农村”的教育培训之路，而且越演越烈，从以前的语数外物理化学等学科扩张到政治历史等学科，把家长和学生忽悠得团团转。这个例子说明这些网路课程并不能取代现实授课模式，毕竟网络课程是“死”的、呆板的，学生是有生命力有灵魂的，学生需要的是有温度的教学模式而不是机械的教学模式。真正的教学是需要师生互动，进行有灵魂的对话，在对话的过程中完成智慧的碰撞和生命的体验，幕课形式可以作为一些必要的休闲式的补充而非主体，因此，我们没有必要去追逐这个虚拟的概念和不实在的东西。

二、幕课对受众主体有较高的学习要求

幕课这种形式对学习主体有非常高的要求，即学习主体必须实现由“他觉”向“自觉”的转化，实现由他律向自律的转化，实现由要我学向我要学的转化。因此，这就需要学习主体有较高的自觉性和领悟力，需要完全进入到幕课那种学习状态，否则，再好的东西也是一种摆设，充其量多了一种学校和家长向学生施加压力和负担的手段，而学生在学习效果上不会有多大实质性的改变。

我们知道，现在很多人在谈高效课堂的高效行为，在谈优质课堂，其实，很多研究者都忽视了这样一个重要的问题，这些课堂其实拥有了一个先决的他律环节。我们知道，一般有人听课，孩子们学习状态是不一样的，毕竟孩子们会“察言观色”的，会主动配合老师教学，平时不爱回答问题和不爱举手的学生也会积极配合，让课堂非常热闹、互动环节非常和谐，当然，更没有不遵守纪律的现象。但是，一旦没有人听课，这样的行为便不存在，教师还得需要拿出一些时间去看管课堂纪律，还得等候孩子们的回答，完全不是很多脱离一线研究者们看到的那种和谐有序、持续高效的课堂，代之以另外一种需要管理纪律和秩序、没有主动配合和互动的另外一种课堂。难怪现在很多名师都提出你要学习我的课，还是来听我的随堂课吧，优质课示范课你是学不到多少东西的。因此，幕课如果要真正推行，就像这些优质课与展示课一样，必须完成自律行为，完成由他觉向自觉的转化、要我学向我要学的转化，否则，这样的课堂顶多不过是一场游戏，一场顶层研究者和教育学者们玩的一种“改革”游戏而已。

我曾经也参加过研究生考试，也进行过下载视频和利用这些视频学习的过程。说实话，这些研究生入学考试课堂，很多视频都是非常经典的，授课者也对这些历年来的考试试题进行了深入的研究、得出了非常有效的结论，以至于很多听课者都能够从这些视频学习中获得提升，分数提高非常快。我有个同事，以前仅仅是一个中专生，从教后一边教书一边自考专科、本科，然后由备考计算机的研究生入学考试。他每天都会在电脑前看数学方面的新东方的视频课程，以至于一个从来没有学过高中数学而完全通过自学的方式完成计算机入学考试，完成自己的研究生梦想。从这个例子可以看出，我这个同事之所以能够获得如此良好的学习效果，根源在于他完成了自律和自觉行为，完全按照我要学的模式在进行学习，进入到一种自由快乐的学习状态中，且这样的学习状态是争分夺秒的，跟一般的学习状态完全是两回事，故而这样的一种状态完全适合幕课这种学习方式。但是，如果学习者没有这样一种学习状态，就目前很多中小学生在课堂上还需要老师整顿纪律、老师稍微布置一点家庭作业就要喊多、稍微有点学习压力就要郁闷烦恼甚至要死要活并寻短见的学生而言，幕课这样的方式便不适合。其只适合那种脱离了低级趣味，爱上读书和学习，甚至具有一种虔诚的心态的人。学生在课堂学习后，尤其是那些优秀学生在正规的学校课堂学习之后，感觉太轻松并学有余力，还需要有更大程度的提高和开阔视野与思维，幕课学习是一种非常有效、非常快乐的学习，这样的学习会相得益彰、相互弥补，有效促进学生的学习效率和品质。

三、幕课促进高校教育改革和发展

笔者个人观点认为幕课虽然在中小学教育中效果不大，但这种方式能够在很大程度上促进高校教育改革和发展，促进高校提升自己的教学品质，实行一次华丽转身。大家都知道，高校教师的成就主要在科研成果上，很多专家学者的课堂都是来自于自己的研究课题，在上课的过程中会涉及到很多先进的知识。当一个大学生在学习的过程中，发现自己的不足，并利用幕课手段收索国内大学教授关于自己感兴趣的问题进行学习研究，这是一件利国利民和促进科技发展的好事情。这会在很大程度上促使大学生真正进入一种研究性、自由畅快的学习状态，走出那种死板、视野狭窄、思维不开放的局面。同样，幕课形式的开放，会让很多学校无形中走进一种真正的课程竞争和课堂改革状态，会积极打造一批优秀教师、优质课堂、优秀课题，全方位提升授课品质，以彰显自己学校真正的实力。

幕课如果能够在高校全面拉开，以开放的心态做教育，让全国各地愿意学习而没有机会进入到某些重点大学学习的孩子们能够接触和听到这些著名教授专家学者们的课，能够跟随这些大师们学习，我想，这是一件功德无量的事情。问题的关键在于这些视频谁来制作，这些老师们愿不愿意无私贡献自己的智慧给那些跟自己毫无关系的学生，如果教育真正进入到这样一种无功利化的时代，能够真正为天下苍天百姓着想，为祖国的发展着想，而不是局限于自己的个人利益、学院利益，更多地放眼到教育发展和民族进步这个问题上，中国的教育就真正有希望了。但就目前功利教育发展越演越烈、生源争夺战从中小学发展到大学这样的一个大环境看，这几乎有点天方夜谭。因此，幕课能不能真正推广，不在于接受者，而在于那些拥有良好资源的优质学校，以及拥有调动这些优质资源的权利部门，愿不愿意做这个利国利民的事情。

幕课是一个好东西，但也是一个“死”东西，一个没有灵魂的东西。

如果学习者要把这个“死”东西变成一个活东西和好东西，就需要自己的灵魂得到提升，需要用自己学习的热情和温度去让这个“死”东西变得有温度、有灵魂、有激情，才能把其精华注入到自己的思想里去，促进自己的思想发展、视野开阔、智慧生成、能力提升，让其真正变成自己思维的一部分和变成自己的人生智慧。如果没有这样的一个热度，这些“死”东西依然只能是一些“死”东西，依然只能停留在人们的视线里，停留在人们的思维之外，毫无作用。因此，幕课是教育的觉醒还是教育的膜拜，问题不取决于幕课本身，这仅仅是外在环境给予学习者提供了一个更加开放自由的平台，真正能够起作用的还在于学习者这个主体，万不能陷入一种膜拜状态而迷失教育的本真。

幕课时代来临，我们既要看到其带给教育发展新的契机，又不能完全迷信幕课的作用而忽视以前教育的功效，不能简单追求教育概念和形式，要看清楚这些教育形式的本质，找到真正有利于学生发展和教育发展的核心元素，这才是教育改革和发展的着力点。

四、幕课印证人生真正的起跑线在大学

幕课的出现，让我们印证了另外一个观点，即人生真正的起点在大学，而不是在其他任何阶段。从上面的分析看，每个人从幼儿园到高中的教育，其实只要能够处于中等水平（一般而言），能够考上一个不错的大学即可，没有必要非要重点大学、国内前十名大学等，这仅仅是给每个学生提供一个求学的平台和机会，仅仅是给学生学习提供一个学习的工具而已，真正的学习在大学才刚刚开始，那个学习才是完全自主化、自由化、个性化，完全按照自己内心需求的方式去学习。在大学，没有教师会要求你读书，也没有人要求你去如何完成学业，更没有人会强迫你去参加某种考试，从课堂、教室与教师、学科、图书馆、各种学术报告以及各种相关证书的考试过级等，都是开放性的，真正实现了按照心灵需要和素质发展而实行的一种“走课”制度。因此，这个阶段才真正是学习的开始，才真正是每个人撒开腿奔跑的过程，就像马拉松比赛，开始阶段仅仅是一个热身赛，真正的比赛在于后阶段的耐力、毅力的比拼；很多学生在中小学即使把基础课打得再好再牢固，一旦进入大学后放松了这样的学习，不适应大学这种自由的学习状态，就会在这个人生的起跑线上跌落下来，失去竞争力，甚至让以前的基础性学习化为虚无，失去支撑力，失去着力点。

幕课的出现，无疑给很多热衷于不输在起跑线的家长和热衷于追逐教育概念的专家学者们打了一剂强心针，让其从顶礼膜拜的状态中清醒过来，教育需要的是一种持续的学习，需要一种心平气和的淡定状态，需要在追求高分数的同时还要兼顾生命个体的素质和能力、思维与品质、道德和责任、心理和健康等问题的发展，需要润泽生命而不是完全忽视生命个体的发展，需要慰藉生命个体灵魂的需要而不是只按照自己的需要进行强迫性的灌输，两者需要兼顾，两者都需要做好，才能协调生命个体的发展，才能培养一颗具有善良的灵魂、培养一个具有责任心的人、造就一个有良好道德品德和文化素养的人。我想，这是幕课带给我们的人生思考，带给教育的思考。

第五节　教师要坚守自己的思想
——教师的自我批判

教育，是心的事业

新课程改革进行十年了，很多人都在探索，希望找到贴近教育规律和贴近学生灵魂的教育。于是，很多人开始质问新课改与旧课程有什么不同，素质教育与应试教育的区别何在。对于这个非常简单的问题，在教育界却成了最大的难题，因为道理简单而操作困难。

每个人都知道，教育的本质在于培养学生的思维能力，即通过不同的手段提高学生提出问题、分析问题、解决问题的能力，在这个过程中提高思维、促进创新、促使学生发展。但在操作的过程中很多教师为了最大化地提高学生成绩，采取“裸奔”式教育方法，省略很多必要的步骤，直接给出结论，然后让学生反复演练，直到熟能生巧为止。殊不知这样的教育，能够在一定程度上应付具有规律性的升学考试，但却不能培养真正的创造力和思维力。

我曾在博客上和一个朋友探讨教育是什么。我认为教育的价值在于教育者能够问心无愧。当然，很多老师都说自己非常勤奋，自己也是问心无愧的。很多教师潜意识的这种问心无愧指的是自己能在很短的时间内提高学生的成绩，上好每一节课，兢兢业业、忠诚于教育事业。但是，我指的问心无愧是学生的可持续发展。如果一个教师仅仅为了满足学生、家长和学校当前的暂时的需要，而忽视学生长远的发展，这样的教育就是有愧的。

曾看到这样一个有趣的故事：有一位木匠擅长制桌子，他不仅把桌面刨得十分平滑，而且连抽屉的背面、底板都刨得十分光滑。有人劝他说：“抽屉背面和底板别人看不见，何必刨得那么光滑？”他说：“别人看不见，我却看得见。”是啊，别人看不见但自己看得见，这就是问心无愧。做任何事情，不仅要把面子工程做足，更要把内涵的东西做足，这样才能让自己心安理得。教育更是如此。

教育是心的事业，是铸造学生内心和灵魂的事业。教育，不是简单的要分数，而是要培养人，培养具有自己思维、灵魂和个性的人。木匠把桌子两面都刨光，其本质意义上就是在于从事心的事业。教师亦如此，不仅仅要把学生分数这个外在的“桌面”刨光，更要把“素质提升”“思维训练”等综合素质不是立竿见影的“背面”也要刨光，这样的教育才是真正的教育。尽管这样的教育，在日常教育中很少能出成绩、很少能量化为成绩，但是，作为一个教育者，这些东西自己看得见。

曾有一次，有个外校副校长问我“为人生的四十岁奠基”是什么意思。当时我觉得非常有意思，一个熟悉业务的副校长居然有如此一问。这让我开始反思现在的新课改，为什么推行了十年的教育理念依然故我，素质教育倡导这样多年依然如此，根源不在于应试教育，而在于现在的教育太注重台面上的东西，而忽视台面下的本质。正如古人说的“马是外头光，里面一包糠”一样，只注重了外面的装饰，而忽视本质和内在的品质。

现代社会，竞争激烈，学生压力巨大，心理负担沉重，于是出现各种心理疾病的人越来越多，因心理问题而自残、自杀，以及故意伤害他人和杀害他人以报复社会的现象越来越多。这告诉我们，现在的教育仅仅依靠分数、素质、能力、创造力等教育是远远不够的，更多的是要回归到培养学生灵魂和生命的教育原点上，铸造学生的灵魂，才是最本质的教育。这样的教育，很难用量化的方式展示出来，但需要每个教师这样去做，就像故事中的木匠说的，别人看不见，但我看得见。

教育，就需要这样的底气，需要在做好高分数、素质、能力和创新等品质的同时，培养一颗健全的心和灵魂。

教育，是守心的教育。呵护学生的心、铸造学生的灵魂，是每个教育者义不容辞的责任。

教师要坚守自己的思想

当前，教育发展到全信息覆盖的时代，各种信息和资源不断地充斥着人的神经和眼球，教育者如何利用各种各样的信息来提升自己的教育品质，成为当前教育发展和教师专业化发展的一个重要话题。

现在，网络上的资源很多，几乎每个学科每一种版本的教材都有现成的上课教案和课件，上课者只需要对这些教案和课件进行简单的加工就可以变成自己的东西，甚至很多人根本就不做任何修改，直接使用，信奉拿来主义。这样的课表面看上得非常轻松，备课环节完全省略了，也不需要自己费太多的精力和功夫去打磨课件、打磨教案；事实上并不是这样一回事，一旦教师使用这样的课件和教案上课后，就完全失去了自己的思想，自己上课完全没有主体地位，而是按部就班地按照别人的思维模式进行课堂教学，自己则好比行尸走肉毫无灵魂的人。这样的课，对于一个稍微有点教育思想的人来讲，实则是非常苦痛的事情，因为自己完全局限在别人的思想里，不能按照自己的意图和思想淋漓尽致地挥洒。

如何摆脱这样的局面，如何让课堂充分显示出自己的思想，彰显具有灵魂的课堂、具有生命力的课堂，这是一个非常关键的问题。我认为，要摆脱别人思想的束缚和局限，不是不学习别人先进的思想和教育艺术，而是在学习别人的教育艺术之前，自己先要做如下工作。作为一个教育者，首先，应该具备的就是良好的学科文化素养，对该学科的各种知识、教育艺术等有一个比较广泛的涉猎，让自己成为一个博学多才者。我认为，这是上课者必备的素质，如果上课者不能做到这点，就不能在课堂中左右逢源、应用自如，不能在遇到各种预设之外的情况时利用自己丰富的知识进行解答，化解自己的尴尬处境。其次，在看各种网络资源前对这个课题进行自主研究，不能拿到课题后就以先入为主的态度，先看别人的思想和教法，然后再去思考，一旦上课者进入这一的思维模式，势必会走入他人思想的范围内而不能自拔。再次，当自己觉得准备差不多时再去看网络上的资料，找异同点、别人和自己各自不同的创新点，然后再进行优劣互补，但必须坚持一个原则，即让别人的教育思想服从于自己的教育思想。这样才能真正把别人的先进东西变成自己的东西，才不至于迷失自己的本性。一旦教师在备课环境按照这样的模式备课，在每个课堂上都按照自己的思想上课，让自己的思想得到鲜明的宣泄，同时也会很快形成自己的教育思想和建构自己独特的教育模式。

现在很多地方都在提倡教师专业化发展，但为什么总是效果不好，教师的专业化程度没有得到明显的提高，我想，根源就在于现代信息技术和资源不仅没有成为教师专业化成长的垫脚石，反而成为了教师专业化发展的绊脚石，让教师们失去前进的动力。教师运用现代信息技术打造教师教育精品课程，首先得突破这个问题，突破自己的心理局限和“懒惰”思想，一旦这个问题得到有效解决，教师就能在广泛涉猎他人思想和资源的基础上变得“专一”起来，变成一个具有很高水准的专业化人才。因此，不论资源如何丰富、不论现代信息技术手段多么先进，都不能忘记自己的教育思想这一根本出发点，都必须坚持自己的教育思想，让自己的思想在课堂上绽放，而不是让自己和课堂成为复制他人思想的地方，让自己成为他人思想的“傀儡”。

教师在备课和上课环节做到上面的要求，仅仅是最基本的要求，还需要教师对现代信息技术进行更为有效地利用。我们知道，现代信息技术为我们打开了一个开放的平台，QQ 和 QQ 群，以及微博微信等新媒体的出现，更是给教师们提供了有效的学习条件，但这些学习需要自己以一种主动的心态去研究、去发现、去挖掘，让那些本不属于自己教育资源的成为自己的教育资源，并利用这些新媒体形成自己的教育思想，形成自己教学模式。因此，除了自己的教学之外，教师应该积极学习各种教育名家、优秀课堂，积极参与当前很多老师和单位开发的网络视频与 QQ 群教研模式，促进自己思想的形成。然后把自己在教育教学过程中爆发的智慧火花写下来，形成自己的教学思想，实现教与写相互促进，这样才能形成属于自己的教育思想，才能打造出具有自己特色和魅力的精品课程；否则，教师尽管在备课和上课环节研究深入，却不能进入到教育写作状态中去，难以进一步提升自己的教学品质，难以打造精品课堂。

人云亦云，随波逐流，是不能造就任何思想，也不会造就任何精品课程；教师唯有坚持自己的思想，才能让自己的思想火花不断迸发，自由驰骋，才能在教育中放飞思想、培育灵魂、造就人才。

教师，首先要改变自己

教育，被某种无形的力量所绑架，这已经是一个不争的事情。目前的教育，越谈素质教育，应试教育越厉害；越谈减负教育，孩子们的负担越沉重；越谈要回归教育规律，人们越不按教育规律办事……功利性主宰了教育。

教育被绑架，这是当前中国在经济建设过程中、社会转型中出现的一个社会现象，毕竟，被穷怕了的人们都想自己的孩子通过读书改变命运，都想自己子女能够成人成才。就是这样的一种社会需求，才让教育不断地改变并“迎合”家长的口味去谋求更大的发展。于是，功利教育越来越严重，教育越来越变味、越来越浮躁。

不管教育变成什么样子，不管人们怎样对教育不满意，生活总要继续，教育总要发展，这也是一个不争的事实。教育的大趋势，国家对教育不断调控，力求让教育变得更美，更接近教育的规律和学生心身健康发展的规律，但不论怎么调整，总与现实有一定差距。即使国家把教育调整到最佳状态，也不会赢得全部人的认可，就像当前我们痴迷外国教育一样，而外国教育也在不断地学习我们中国教育，毕竟，中西方教育各有优势、各有缺点。因此，当我们不能改变外部教育环境时，作为一个有理想的教育者，作为一个有梦想的教育者，唯独能做的就是改变自己的教育理念，让自己的教育接近教育的规律、回归教育本真，按照学生自身发展规律去教书育人，做好自己的一亩三分地，我想，这才是每一个教育者应该要做的事情。教育者不仅要仰望星空，更要脚踏实地，只有脚踏实地坚持不懈地用自己的思想和理念去践行一种有生命力的教育，才能让教育有所改变。

当前，新教育也好，新课改也罢，其实，都没有一种固定的模式，都没有一个可供我们参考的样板，就像邓小平说的那个“改革是摸着石头过河”，这句话对于新课改同样适用。当人们都在讨论是非、争辩是非的时候，邓小平告诫大家实践是检验真理的唯一标准。同样，当我们每个人都在对教育不满、都在争议的时候，为什么不选择实践呢？每个教师做好自己的课堂，每个校长带领好自己的学校，每个教育局局长管理好自己辖区内的教育，我想，教育就有希望。

最近有两则新闻值得大家关注：荥阳某高三学生乔祎龙，18岁，学习成绩一直都很好。从小学到中学，乔祎龙都是班级前几名，每年都拿回一张“三好学生”奖状。春节前的摸底考试，乔祎龙成绩不佳，寒假里，始终郁郁寡欢。后来家人带着他到市八院检查，医生告知他们，孩子得了精神分裂症，需住院治疗。过几天，乔祎龙从医院出走……另外一则新闻：近日，有传言称一名复旦大学的计算机专业研究生在宁波捡破烂流落街头，最终被当地派出所救治。这两则新闻告诉我们，现代教育不仅仅要教会学生知识，更要教会学生生存的能力和本领，知道自己在社会上哪些事情能做，哪些不能做，怎样做才能做得更好，毕竟，文凭不过是张纸，不是你谋生的资本，真正的资本是你的能力，是你地本事！

教会孩子知识、教会孩子学习、教会孩子创新、教会孩子生存、教会孩子生活，是当前教师的一个很重要的任务，知识学习仅仅是这些能力中很小的一个部分。

教育是什么？《中庸》：“天命之谓性，率性之谓道，修道之谓教。”梁启超说：“教育是什么？教育是教人学做人——学做‘现代的’人。”《中国大百科全书·教育卷》指出：“教育是培养人的一种社会现象，是传递生产经验和社会生活经验的必要手段。”柏拉图认为：“教育是为了以后的生活所进行的训练，它能使人变善，崇尚高尚的行动，我们可以断言教育不是像有些人所说的，他们可以把知识装进空无所有的心灵里，仿佛他们可以把视觉装进盲者的眼里，教育乃是心灵的转向”。从以上中西方教育观点可以看出，教育就是塑造人灵魂的活动，即教育根本目的是塑造人、改变人的活动。

教育的起点是知识，终点却是生活。教育过程就是帮孩子架起从知识走向生活的桥梁，让孩子利用所学的知识和技能生活得更美。尽管，前面所说的两则新闻仅仅是一些个例，但这些个例却折射出当前教育的某些弊端和缺失。教育者改变自己的教育理念和方向，在当前显得非常必要。

《中国教育报》张以瑾编辑在和群友聊天的时候说：“身为教育中人，坐到一起谈论教育问题，动辄‘中国教育’‘全社会’‘我们的教育’……这样的批判虽然很有气势，但对于解决我们身边的问题，对于增进我们的思想和智慧，到底有多大作用？请诸君深思！”与其坐而论道，不如起而行之。

教育要改变人，怎样才能最大效果的改变人？教育者先改变教育者自己，再改变被教育者。如果教育不能改变教育者自己，你所秉持的教育是落后的、失败的教育，根本就不能改变别人。作为教育者，以“传道授业解惑”为己任去塑造、影响、改变学生的世界观和人生观，如果自己的世界观和人生观没有得到改变，就想改变别人很难。对于目前中国教育来讲，很多教育者都认为现行的教育不好，都在埋怨，但行动者很少，唯一能够做的就是改变自己，做好自己的课堂、做好自己的班级管理，做好自己的教育理想的规划和专业成长，以自己的成长和发展去促进学生的成长和发展。

毕竟我们都是普通的教师、普通的一线教师，我们每学期所面对的就是几十个到200个左右的学生（语数外），我们的教育不能影响整个社会，就从影响我们身边的每一个孩子做起。每个教师都要像教育家那样思考，都要有教育家那样的教育理想和情结，从改变自身做起，改变自己的教育方法、改变自己的教育思想做起，这才是每个教育者应该要做的事情，应该能做的事情。

那么，我们应该怎样去改变自己呢？首先，做个一个教师，最起码的是要坚守教育的基本职业底线。所谓教育的基本职业底线，就是不仅要传递知识，更要对学生进行育人教育，即“传道授业解惑”，而且，道德教育比知识教育更重要，毕竟，道德可以弥补知识的不足，知识却不能弥补道德的缺陷。其次，教师要远离功利教育，不要只看分数而进行赤裸裸的应试教育，这样的教育是不人道的，应该坚持在知识教育传递的时候，还要对学生的全面素质和创新精神、思维能力的培养和训练做不懈地努力，坚持培养具有可持续发展力的学生。我认为，做到这样亮点，才是一个教师最基本应该做的。只有教师的教育回归了本真，学生的学习才能得到快乐。

我曾写了这样一条微博：“当一个老师眼里只有钱的时候，看不到教育；当老师眼里只有教育的时候，看不到学生；当老师眼里有学生的时候，什么都有了。”我想，这才是教育。只有拥有这样教育理念的教师，才不会成天都只望着分数奋斗而忽略更多的素养教育。

作为一个乡镇中学教师，我并没有因为自己是一个乡镇中学教师而感到自卑；作为一个乡镇中学的副科教师，我并没有因为自己是一个副科教师而感到气馁；作为一个拿着十分低微工资的乡镇中学教师，我并没有因为工资低而给自己的教育打折扣。因为，我知道教育不仅仅是一个教师谋生的手段，更是教师人生的归宿。如果仅仅因为自己身处在乡镇中学、因为自己是副科得不到重视、因为自己工资低而丧失前进的动力，那样，不仅会影响自己的工作情绪，也会影响自己人生的发展。种好自己的一亩三分地，在自己的一亩三分地上快乐地耕耘，快乐地劳作，让学生的学习变得更美，让自己的人生变得更有意义。

刚大学毕业走上讲台的时候，我就全身心地投入到班主任工作和教学工作中去，不断地研究青少年心理、励志、学习方法、道德、性教育等问题，我想，只有把这个问题做好了，才能更好地教书育人，才能让学生接受教师的教育。我要做的就是贴近学生的心灵，一起为学生的发展而做出自己的努力。在上课中，我尽量利用政治教师的优势，把政治知识教育与文化素养、道德修养、心理教育、理想教育、人格教育、性教育、人生教育、生命教育、学习方法教育等理念贯穿其中，一点一点地渗透，潜移默化地影响学生的成长。为此，才诞生了我那本《做个有修养的学生》，这本书里的观点和思想，都是我在课堂给学生传递的理念。

当然，这样的教育是潜移默化的，这样的教育甚至需要教育者牺牲一些东西，可能比不过那些成天扎实搞应试教育的老师。但是，作为教育人，都应该这样做，而不仅仅是只顾教师自己眼前的利益，而忽视学生长远的发展和可持续发展。

教育，从改变教育者自身开始做起。这不仅仅是新课程改革的需要，更是每个教育者自身发展的需要。

教师要以己之变去适应教育改革

新一轮考试改革终于开始酝酿了，语文要受到重视了，外语要适当降温了，应该说这是切合当前教育发展需求和规律的。但是，真正问题不在于教育部怎样去改革课程设置、科目的分值比例，而在于当这样的改革来临之时，中小学教师怎样做准备工作，以未雨绸缪，更好地应对以后教育教学的变化和发展。

新课程改革十年基本上没有多大变化，原因在什么地方？我想，最根本的就在于当初教育部提出新课改之后，尽管对全国各地的教师进行了一场拉地毯式的改革前教师培训，以简单、快速、全覆盖、大面积地对每一个在职教师进行了为期三天不等的新课改理念培训，然后就再无讯息。其试图通过这样快速的方式就能提高全国各地教师的教育素质和能力，让教师以全新的新课改理念去上课。事实证明，这场走马观花式的教育培训对教师的教学技能、教育艺术、教育思想和理想的提高并没有多大益处，于是出现了教师自身素养的“不变”就难以撬动那个人们期待需要“改变”的世界。因此，在新一轮教育改革来临之时，对于一线教师而言，不是人云亦云地纠结这轮教育怎样改，而是我们应该怎样去应对这轮改革。

语文升温和外语适当降温，这都是当前中国社会发展的一个需要。广大教育工作者面对这个即将来临的改革，语文教师和教育管理者应该怎样应对，如何把握住这次难得重视母语教育的机会，以及有效提升和开发中国传统文化，这才是这场改革的关键所在。毕竟，不论什么改革，最终的实现都要落脚在广大一线教育工作者身上，教师的执行力是决定这场改革成败的核心和关键。

语文教育的核心价值，从几年前蒋方舟被清华大学降几十分录取这件事可以看出以读促写的重要性，而事实上写作才是对字词句段、阅读理解的进一步运用和升华、传承和发展，因为，只有在写作这个具体的语言环境中才能真正体悟到母语基本符号的真正内涵。从古至今，没有哪一个作家不是通过海量阅读所造就的阅读力、思维力、创作力，不是通过简单的各种做题训练就能训练出与自身浑然一体的阅读领悟力和思考力。故对于教育管理者而言，要高度重视母语教育和国学教育，把母语教育和国学教育放到一个全新的高度去认识，回归教育的本真状态，让母语的文化精髓和博大精深的国学文化能够得以正常的传承、发展和弘扬，不至于因为过重的外语教育和功利教育迷失了教育的方向，丧失了母语的权威。母语和国学的传承和发展，其实归结的还是教育界一直纠结的阅读问题，即不论是母语教育也好，国学传承也罢，教育管理者要做的就是真正解决阅读问题，通过加大学生的阅读量、提升学生的阅读力、培养学生的阅读思维能力，通过阅读去促进学生了解文化、传承知识，真正解决语文的教育教学问题，而不仅仅是简单的知识教育。

语文升温既是好事，又是巨大的压力，这对语文教师提出更高的素养要求和教学要求。如果这轮改革来临之后，广大中小学语文老师还是依然故我、我行我素，依然不理会外界教育改革的要求，不想办法提高自己的阅读力、提升自己的知识面、拓展自己对国学和母语教育的认识，就难以在这轮改革中找到语文教育的方向和自身的定位。因此，对于语文教师而言，不仅仅是沾沾自喜，自己的教育地位终于可以“凌驾”于外语之上，而是需要从学生发展和母语发展的角度认识语文教育和语文阅读教学的重要性，要全方位提高自己的语文教育素养，先把功夫下在教育改革实施之前，练好内功，以己之变去应对各种变化莫测的外部世界，而不是依然故我，没有任何变化和改变。否则，即使届时教育改革把语文学科的分值提高到200分也是枉然，不仅无功，还会疲于奔命，在空前高度重视语文教育的“重压”下喘不过气来，找不到自身的位置和迷失语文教育的方向。

教育改革如果只有自上而下的强有力推行，而没有自下而上的自发图强，就不会有强大的执行力，一切改革和方案都会付诸东流。因此，在教育改革来临之时，教师需要顺着改革者的步伐和思路，进行自我素质的发展和提升，以己之变去适应教育改革的变化，才能真正让这次改革得以顺利进行，才是对母语真正的尊重。

新课改，教师要像教育家一样思考和践行

新课程改革，是一项自上而下的教育改革，从改革至今，已经推行十年。十年来，新课改这个词语已经成为当前基础教育的一个热词，成为当前教育改革和发展的一个基本走向，引领并改变着当前的教育。

教育，必须要改革，这是一个共识。新课改也是遵循教育规律而提出来的一个新课题。十年来，有的地方课改如火如荼地进行，有的地方岿然不动，还是按部就班地进行自己的教育教学工作。新课改，让人们看到教育的方向和希望，也看到一批新兴的学校、一批新兴的教师崛起。30年、40年后，就会有一批这样的人才走上科技创新的领域，成为诺贝尔奖获得者。

笔者认为，新课改除了教育部门和上级主管部门引领，不断改变教育环境之外，更需要每个学校、每个教师要像教育家一样思考，要有教育家那样的教育行为、教育方式、教育思想、教育理念；要有教育家那样的教育气度、教育耐性、改革创新的魄力、探索的勇气；要有教育家

那样热爱教育的心，要有教育家那样的牺牲和奉献的精神。

21世纪教育研究院等机构2011年曾做过一个关于“教师对新课改的评价”的网络调查。在多项调查结果中，有两个数据形成鲜明对比：对新课程理念的认同度高达74%，而对课程实施满意度只有25%。这就是理论的高度和现实的难度所造成的尴尬局面，而导致这一局面的根本原因除了现行教育大环境没有改变和升学制度没有进行配套改革之外，另一个原因就在于教育个体的认同感、使命感不同。凡是那些具有教育家一样思想和精神的教师、校长，都会自觉地在自己的课堂和学校践行这一教育理念，反之不行。

新课改是一种自上而下的改革，这是一种引领，更是一种方向。但这仅仅是一种外在的诱因，外因还必须通过内因起作用。十年课改的重要推动者朱慕菊女士说：“任何改革都不可能是强迫的，特别是文化的改革。课程改革事实上也是一种文化运动，它只能是引领，不可能强制任何人。”据调查发现，凡是新课改开展得比较好的地方，都有一种教育的自觉和使命在发生作用，都是教育个体或者学校主动地、能动地承担其新课改的使命，以一种有意识或者无意识的方式在践行着新课改教育理念。甚至很多教师在国家没有提出新课改理念之前，就在采用新课改理念去教书育人，用贴近教育规律和学生身心发展规律的育人理念进行教育。尽管没有新课改理念，但这些人都是按照这样的方式在做。当新课改理念提出来的时候，蓦然回首，才发现自己这些年一直秉持的教育理念就是新课改教育理念，而这些教师也迅速的成长为名师。

新课程理念要改变的，是那些墨守成规、因循守旧，不愿意采用贴近教育规律和学生身心发展规律的教师。要做到这一点，需要切实在全国树立那些自觉践行新课改理念的教师、学校的榜样，而不是像某些评奖那样、像评职称那样采取摊派名额的方式，这样不仅不利于推进新课改，反而会挫伤其积极性。新课改不是按职称论资排辈似的吃大锅饭，而是一种教育的使命和责任。

我校从建立起就开始不断探索新课改，并创立了东辰新教育，被媒体誉为诞生在中国西部的一朵教育奇葩。学校的这种新课改理念，就是一种自下而上的自发的课改。学校要发展，要创办百年名校，要“培养有中国灵魂世界眼光的现代人”，不仅仅需要从学生的升学率上突破，更要从学生的素质和能力上得到突破，于是学校提出“双高”质量目标，即高素质与高升学相统一的英才教育、筑高原与建高峰相统一的精致教育，培养出来的学生有理想信念、有文明礼貌、有道德修养、有大家风范，且能说会道、能歌善舞、能学会创、能处会交。因此，学校从课程、课堂和德育这三个方面进行立体式改革。课程上，不仅全面践行国家课程，还开发自己的校本课程和校本教材，把国家考试和校本考试相结合，使其更符合学生发展的需要。在课堂上，学校全面推行“三环四步开放大课堂”，即在课堂上全面践行“自学、探究、提升”三个环节，教学过程中全面践行“学、交、导、练”四个步骤，全面培养学生的思维能力、动手能力、创新能力，让学生变成课堂的主人，变成思维的主体。在德育上，学校全面推行发展性德育，促进学生的人格、性格、品格、能力、综合素质的全面发展，追求人与社会、人与自然的和谐发展。我校在新课改下不断探索、不断前进，全面培养学生的综合素质，为学生全面发展和可持续发展不断探索，为一个人的四十岁奠基。我校的这种新课改改革就是一种自下而上的教育改革和探索，只有这种自觉、自发的教育改革，才能让新的教育理念落实到实处，才能得到全面推行。

笔者曾和姜广平老师聊天，他说自己告别杏坛之作被很多人“批评”，很多老师都说课上得很好，但如果每节课都要像你这样上课，老师就根本没有时间上课了。言外之意就是老师备课量非常大，哪能每一节课都这样去准备；但恰恰相反，一个知识丰富的教师，其实在看到某堂课之后，就会自然而然想到课该怎么上，该用哪些资料，在自己大脑信息库里面随便挑选就是，甚至还能够在上课中根据学生和教师的对话，左右逢源，不断超越教学预设。其实，姜老师已经达到了武术上练剑的第三重境界，即手中无剑，心中亦无剑。

我也听过很多中小学特级教师的课，他们的一些随堂课，每节课都能按照这样的模式上课。这些教师就是把这种教育意识变成了自觉的行为，正因为有自觉性，其才能达到教育的高度，也才成为名副其实的特级教师。教师要达到这样的境界，我想需要做的不是先谈论新课改理念的问题，首要的问题需要教师们加大阅读量。只有教师的视野开阔了、教师的知识面广了、教师的思维开放了、教师的课堂创新了，才能潜移默化地影响学生，否则，如果教师不读书，教师的知识面没有得到阔展，仅仅有先进的教育理念和新课改理念，也难以推行。这就好比一个练习武功的人，即使有至高无上的剑招却没有至高无上的内功做基础，其威力是无法发挥出来的；这里的“剑招”就好比新课改理念，“内功”就好比一个人读书所养成的教育素养和文化素养。因此，新课改要想得到切实推行，必须要学会使用“剑招”和“内功”两条腿走路，缺少任何一个方面都不行。中国课改十年之所以出现“阴风阳违”，认可度高、践行度低的局面，最根本的原因就在于前十年我们课改重心落脚在“剑招”这个理念上，而忽视了提高教师“内功”这个根本因素，以至于根本发挥不出威力。一旦教师们在“内功”上修炼到家，即使没有先进的高超的“剑招”，其威力也是不容小视的。

新课改，成在教师读书问题，败也在教师读书问题。一旦解决这个问题，新课改所面临的很多问题都会解决。不论是理念问题、技术问题、思想问题，还是自下而上的问题，都能够得到解决。

对新课改，教师要像教育家一样思考和践行，才能让课改之花香满杏园。作为教育者，心若在，梦就在，教育就在，如果新课改之心不在，再好的教育理念也不能落地生根。

学习名师管理艺术重在创新

现在教师专业化发展已经成为教育界的一个共识。大家都知道只有班主任专业化发展、管理艺术提高和管理更加科学，班级管理才能出现更加精彩的局面。

于是现在很多年轻班主任开始买书订阅报刊看，也有很多班主任写出自己的优秀经验出版去提升更多青年教师的管理艺术，很多校长也大力支持班主任外出听各种讲座、报告等，不同程度地提升班主任的管理能力和艺术。但是，很多年轻班主任在学习一些优秀班主任的做法之后，发现这些在很多名师眼里是经验之谈、非常正确的做法放到自己班上就显得不是那样有效，甚至毫无作用。

为什么会出现这样的情况？我想，根源不在于名师经验的真实性、可靠性，毕竟，名师能够把这些经验写出来公之于众，其目的还是想把自己的经验向大众推广，以得到更大范围的认可。因此，问题不在名师身上，而在学习者身上。学习不仅仅是模仿、移植，更重要的是创新，尤其是对教育学生这种经验来讲，更是如此。学生是有灵魂和思想的，即使同一个教师，在不同的班级其教育艺术都是不一样而有所变化的，甚至是同一个学生在不同的教育情境下也要采取不同的教育方法。因此，不仅要看重教育有法，更要看重教无定法。教育要进行不断的创新和探索，才能更好地适应学生的发展。

很早以前，很多人喜欢学习魏书生，于是，都把他的一些做法照抄照搬在自己的教育管理上，尤其是魏书生让学生写说明书这个方法。写问题说明书是魏书生比较喜欢用的手法，作为一个语文教师，这样不仅可以让学生把自己犯的错误讲清楚、反思自己，也能联系学生写作文，让学生把一件事情说清楚，同时，如果学生字写得差了教师还可以对学生的字进行纠正。魏书生把语文教育和德育引导有机融合在一起，在潜移默化中完成德育和作文写作等功能，我想，这是让学生写问题说明书的关键所在。

很多老师在引用的时候，却忘记了这一点，他们认为以前自己让学生写“检讨书”的方法遭到校长的反对，现在大家都在学习魏书生，且魏书生的问题说明书给大家提供了这样一个借口。于是，不少老师便大张旗鼓地采用写问题说明书的方法。但是，在这过程中很多人就会发现，为什么写问题说明书在魏书生那里很有用，在自己这里却变化了，根本就不起作用，于是开始怀疑魏书生的方法。殊不知魏书生不仅在教育的过程中做到以上三个问题，同时还会在教育的过程中进行不断的反馈、调整，还会和学生一起研究这个说明书写的质量、问题在什么地方、写出这些问题没有、反思到位没有、里面有错别字没有、有语法错误没有、逻辑是否通顺、各种修辞手法用得是否恰当等，直到找出学生的问题所在，把问题说明书修改好，甚至还要求学生按照修改过的模式再整理一次。这样一来后，学生会明显感觉到老师不仅仅是在纠正自己的错误，还在帮助自己写作，真正体会到教师那颗爱学生的博大的心。这才是魏书生写问题说明书的精髓和神奇之处，很多教师在使用这个方法的时候，之所以没有作用，仅仅把“检讨书”换了一个说法，然后打上魏书生的旗号，其余的什么都没有变，不仅没有做到正确的模仿，更不要说在此基础上进行创新。

在生活中，我曾看到过不少班主任这样做，而且这些班主任都乐此不疲，认为魏书生的招数就是法宝，至于有没有用，他们从来没有想过，甚至质疑名师的这些方法可能是捏造出来的。名师教给大家的仅仅是一个简单的招式，至于具体的使用还需要在实践的过程中不断创新，结合实际情况进行一些恰当的变化才能有用。正如张三丰在教给张无忌太极拳的时候，告诉其太极拳的基本要领和动作，然后在实际运用的过程挥洒自如即可。正如齐白石说的“像我者死，似我者生”一样的道理。学习太死板，就会走向学习的反面。

名师的经验非常可贵，但不能照搬，需要根据自己的班级和自己的实际情况进行调整，切不可鹦鹉学舌，否则，就是在拿学生做实验，害人害己。

弱势学科教师不能弱化自己的地位和价值

弱势学科，从我读初中开始就知道，弱势学科教师在领导心中地位不高，也不受学生的拥戴。到我教书时才发现这里面的奥妙。

学校内部的不公平待遇，在很多显性和隐性的地方都不同程度地存在着，在不同程度上制约和影响着教育的发展。如果语数外老师每周上课 12 节为满工作量，那政史地生音体美等副科就要上 16 节才算满工作量，而且在计算各种考核、奖励的时候，语数外会按照 1.5 算，而政史算 1.2、地生算 1.1、音体美 1.0，同样的 45 分钟一节课，但分值却不一样。每年评优、评职，主课教师优先，副科教师基本上都放在后面，即使评生有也是多出来的名额和一种点缀，没有任何一个领导会把副科放在和语数外同等重要的考核地位，因为，应试教育以成绩论成败，领导“得罪”不起主课教师，学校也伤不起。但事实上，这种考核方式让很多副科教师游离于教育之外，因此评优、晋职、考核、绩效工资的发放、升学奖励等基本上和这些学科教师没有多大关系，伤了教师也伤了教育。

其实，副科教育是真正体现素质教育的一个重要载体。现在的政治教育，融心理、道德、品质、人生教育于一体，学生会在专门学科中找到现实生活中为人处世的基本方法和思想；历史学科让学生上知天文下知地理，满腹经纶；地理学科会让学生放眼世界；生物学科会激发学生对生命规律的探究；更重要的是体育、美术、音乐等学科，这些是真正承载素质教育的载体，琴棋书画虽必不让学生样样精通，但至少得知道和了解一些基本常识，掌握 1－2 个基本的乐器，熟练 1－2 门体育运动项目，让学生在以后能更好快地融入社会，能更好地享受生活、享受人生。

但是，由于学校对这些学科不重视，一般的普通学校没有配备专职教师，很多学校都是让其他学科教师兼任，其质量和教学效果可想而知；即使有的学校配置了专职教师，但其课时没有按照国家标准开设；即使满足前面 2 个条件，学校在考核教师方面存在“歧视”，也不能让这些学科发挥其真正的作用。每门学科，既然国家要开设，就有其开设的道理和存在的价值，每门学科都不应该存在“高低贵贱之分”，都应该一视同仁，但不平等的待遇，让弱势学科的教师们“游离于”教育之外，成为学校教育的边缘人物，学校教育似乎就是“语数外理化”的事情。这是一种错误的理解和认识，一个学校办学的方向和品质，更重要的就要看其“音体美”等弱势学科如何发展，“窥一斑而知全豹”。

以前，常听父辈们说“女怕嫁错郎，男怕如错行”，对于这话，我没有多深刻的理解，也理解不了。但从我入职第一天开始，就对这句话有了深刻的认识，借用唐朝诗人崔郊在《赠婢诗》中的“一如侯门深似海，从此萧郎是路人”，原来，教育界里面主科和副科之间也存在非常大的差距。

从教书至今，一些学生对我说的话让我记忆犹新的。曾经有个学生到我办公室问我：“为什么其他班级都是‘语数外’的主科老师当班主任，就只有我们班是副科老师当班主任，是不是我们班比其他班要差点?”初一的学生就知道主科和副科，还知道主科班主任和副科班主任的不同，这句话还是在2000年9月时说的。尽管孩子的话很伤人，但童言无忌，我不必计较，唯一能够做的就是教好我的书、做好我的班主任工作，以成绩说话。这是我领教的第一次弱势学科所受到的“歧视”，或者是不公平待遇。后来的事情证明，我带的班级任何一门学科都比其他班级好，就连数学教师当班主任所在班级的数学成绩也赶不上我班的数学成绩。

教育，就是一个播种理想、放飞梦想的过程。谁也不能说谁就是一个天才，谁也不能说谁就是一无是处。爱因斯坦大学毕业时，其老师说这个学生会一事无成，但爱因斯坦却大器晚成，成为著名科学家，原因就在于他从小就播种下思考的好习惯；邓俊辉如果没有接触到斯洛克，他一生都可能是老师们眼中的差生，但斯洛克却改写了他的命运；舟舟如果没有接触到音乐、没有拿上那根神奇的交响乐指挥棒，他一辈子都成不了音乐家，而是人们眼中的痴呆儿、傻子；达尔文如果不爱上小生物，就不会创立进化论而成为科学家……李白曾说“天生我才必有用”，任何人都有其存在的价值，关键是怎样去开发，教育则是最大的开发场所，就像“音体美”等这些学科，其实就是播种梦想的载体，把这些种子播撒在孩子们心中，等待时机，生根发芽，开花结果。但现行的教育偏偏阻止副科教师们去播种，让副科教师游离于教育之外，让孩子得不到最大化发展。

弱势学科，是承载着素质教育的主阵地。忽视弱势学科，就是忽视素质教育。其实，这已经是一个当前比较普遍的现象。领导重视主科没有错，但应该在重视主科的同时兼顾对副科的重视，这样才有利于学生的成长，有利于学校的发展，否则，就是一种“畸形”的教育。这也是现在为什么素质教育口号提倡很响亮，但应试教育却依然很猖獗的根源。

很多副科教师，其实能力非常强，但由于其副科的地位阻碍其能力的发挥。我曾看到我校有一个计算机老师，只是一个中专毕业生，非常有能力，也非常敬业，工作也很出色，但是，做了很多工作，却得不到应有的待遇。于是，他一边工作，一边自学考试计算机专科、本科，很多人都认为他“傻”，花几千元钱选择函授；很多人都以为他仅仅是拿文凭，但本科毕业后，他又选择了考计算机的研究生，一个只有中专文凭的学生，要考外语和数学，其难度可想而知，但他考上了。研究生毕业后，进重庆公安局刑侦科工作一年，发现这里和当初的学校一样，不能实现自己的理想，于是辞职，进入某知名软件公司，实现自己的人生理想。为什么这种老师会有如此选择？原因很简单，学校给予他们的待遇太低，享受不到主课教师的待遇，但干的活却不一定比主课教师轻松。就如我一样，初中政治教师，自认为自己上课还不错，很多教师也认为自己不错，教书还行、当班主任也无可挑剔、科研发表的文章也有200多篇，但在以前那个学校教书11年，从来没有评上过一次优。这不仅仅是个人现象，应该是很多弱势学科的一个写照，校长毕竟要把名额发放给主课教师，调动他们的积极性，参与升学竞争。

这让我想到了艾森豪威尔年轻时经常和家人一起玩纸牌游戏的故事：一天晚饭后，他像往常一样和家人打牌。这一次，他的运气特别不好，每次抓到的都是很差的牌。开始时他只是有些抱怨，后来，他实在忍无可忍，便发起了少爷脾气。一旁的母亲看不下去了，正色道：“既然要打牌，你就必须用手中的牌打下去，不管牌是好是坏。好运气是不可能都让你碰上的！”艾森豪威尔听不进去，依然愤愤不平。母亲于是又说：“人生就和这打牌一样，发牌的是上帝。不管你名下的牌是好是坏，你都必须拿着，你都必须面对。你能做的，就是让浮躁的心情平静下来，然后认真对待，把自己的牌打好，力争达到最好的效果。这样打牌，这样对待人生才有意义！”艾森豪威尔此后一直牢记母亲的话，并激励自己去积极进取。就这样，他一步一个脚印地向前迈进，成为中校、盟军统帅，最后登上了美国总统之位。这个故事告诉我们：不论自己手上拿的是什么样的牌，都需要把自己的牌打好，只有以平静的心态、睿智的思考、沉着应战，既要仰望星空，又要脚踏实地，才能做好自己的工作，才能变“逆境为顺境”，才能改变环境，甚至反败为胜。一味地抱怨、等待、抵抗、逆反，只能让自己滑得更远、更加被边缘化。

弱势学科教师，千万不要因为领导“看不起”自己，不重视自己的专业学科，就放任自流。其实，领导重视是一个方面，关键自己要重视，自己要重视自己的课堂、重视自己的学科、重视自己的学生；否则，就会失去自己，让你迷失在学校考核之下……每个教师，尤其是弱势学科的教师，只有走出学校考核评价，认真审视自己，才能把握自己的教育生命，才能让自己的教育生涯变得更有意义。我不把初中政治课简单地看成是政治课，也不按部就班，而是根据教材内容，对生命教育进行拓展，指引学生的生命成长，让学生享受生命，享受学习的快乐。我自己也在践行这个教育理念中获得快乐和成长，为此发表不少抒发心灵的文章，也出版《做个有修养的学生》这样一本适合老师、家长和学生看的励志书籍。因此，不论是主课教师，还是弱势学科教师，首先都要有一个好的教育态度，去对待学校考核、对待自己学科、对待自己的学生和课堂，这样才能走出一个晴朗的天空。

弱势学科教师，不论怎样，都要自己看得起自己，千万不要自己弱化本学科在教育中的地位、在学生心目的地位，要用自己的方式去影响学生、潜移默化地感染学生，毕竟，教师的作用就是引领学生成长。

教师的专业自觉性才是国培的根

《师资建设》编辑专题策划《像根一样扎下去》一文，对“2011 年

'国培计划'重庆市初中数学教师高级研修项目”进行了全面的报道，也进行了比较中肯的评价，尤其是那个《像根一样扎下去》的文章具有震撼力，极大地激发人的阅读欲望，让人非常想探究这背后的秘密，是什么样的东西能够让教育或者说新教育能够真正在一线扎根。

客观地讲，这个报道从理论到实践、从现象到本质都有一个比较深刻的认识和解读，为这个国培计划做了完美的总结，极大程度地提升了国培本身的意义和价值。但笔者看完这则报道后，却情不自禁地生发出这样的培训让人欢喜让人忧的感叹。国培的效果究竟有多大、国培的受众面有多广、落实国培计划重要的支撑点又在何方？

要回答这个问题，首先要解决国培的根是什么？只有有效探究这个问题、解决这个问题，才能真正让国培像根一样扎下去，深深地埋在泥土之中，吸取泥土中的养料、水分，开出茂盛的参天大树，而不是昙花一现。

现在，教师专业化发展成为教育提升的重要目标，成为提升学生学习幸福指数的重要措施和手段。在以前不成体系的教育培训和各自为阵的培训模式下，国培应运而生，并成为最近几年教育改革和培训重要的关键词。这样的期盼是非常好的，能够在一定程度上提升教师的专业化水平，至于能提升多少，能不能把这些种子在一线教育中播种，能不能真正像根一样扎下去，并能够像种植的树木那样成活，这个有待考证。

为什么笔者有这样的质疑？笔者主要基于以下三个问题：首先，国培计划有一个比较突出的现象，只要稍微观察就不难发现这一点，即国培计划名额是非常有限的，受众面是非常小的。其次，在这些培训学员中，有多少人真正怀抱教育理想，有多少人真正能热爱教育，有多少人坐在国培的课堂里真正在认真学习，对自己的思想和灵魂进行一次彻底的洗礼，并且，经过洗礼的这些学员能不能坚持这样的教育理念、学习理念，而不仅仅是这几个月短暂的突击式的学习，然后结业获取一个象征某种经历的证书。最后，在现实生活中很多校长选择国培计划名额时，不是按照学校某个教师是否具有教育理想、具有培养潜质，然后打造这个好苗子，而是认为工作努力，在升学考试中、各种评比检查中做出过“突出贡献”教师，这无异于成了一种变相的奖励方式，只不过这样的方式不由学校买单，也不是教育局买单，而是教育部专项资金买单而已。

教师专业化发展首先需要一种自觉的行为，离开这个自觉的行为，一切行动和努力都是徒劳和白费。拿破仑曾说“不想当将军的士兵不是好士兵”。同理而论，如果教师没有自己的理想和教育追求，不论外界给予多少培训、为其提供多少优厚的发展环境和条件，都无济于事，他只把这些活动作为一种生命活动形式而不会思考其本质的含义和价值。

一个教师自己都没有专业化成长的自我发展意识，在工作的过程中就不可能怀抱梦想、有所追求、有所寄托、有所作为，更不会站在一个优秀教师的角度、站在学生生命发展和成长的角度、站在校长管理学校的宏观角度去思考问题和从事自己的教育行为，更不会站在中国一线教育发展和社会对人才需求发展的宏观角度思考问题、践行教育行为，当然，这样的教师也不可能获得专业化发展。屈原、范仲淹等为什么能够名震天下、令后人尊敬和敬仰，根源就在于情系祖国、心系天下，怀抱大梦想、大追求；苏霍姆林斯基和陶行知为什么能够成为令人尊重的教育家，甚至专门成立机构对其思想进行研究，根源就在于他们心系学生、情系教育、对教育怀抱大梦想并一生上下求索，为教育事业做出了巨大贡献，造福一方百姓、并泽被后世。

不论是拿破仑提及的问题，还是屈原、范仲淹，抑或苏霍姆林斯基和陶行知等名人，他们都有一种专业化发展的自觉性（不同领域的专业自觉性，不一定特指教师专业化自觉性），正是由于这样一种专业自觉性，才导致这些人以理想指导行动、以理想引领人生，才会在一线教育实践中既能仰望星空又能脚踏实地，既能想一些大事情又能老老实实地做一些小事情，有理想而不好高骛远，有思想而不妄自菲薄，总能在理想和现实之间不断奔跑，把自己幻化成连接理想和现实的那条美丽的彩虹，编织出一个美丽的教育人生，擎起一片属于自己的教育天空。

我为什么有这样的疑虑，为什么会有这样一个想法。其实，大家反观一下现实生活中那些参加国培计划回到学校后的教师的现实生活、教育改变情况就不难发现这样一个问题。我曾有一次参加一个读书社的年度总结会，和一个朋友谈及这个问题。朋友问我认为这样的读书活动是否有效，当时我的回答是有效但效果不大，因为被动的阅读始终不能触及阅读的灵魂，如果自己真有阅读自觉性，在此之前就会自我阅读、追求自我专业化发展。但是，这样的形式能够在一定程度上触及一些人的专业化发展的自觉性，能够让一些人顿悟、觉醒，认识到自己应该有这样的自觉性。正如有个朋友参加这个读书会后写了一个题为《四十岁才开花》的文章，指的就是这个问题，这个女教师由此迸发出了生命的激情，从阅读开始走向写作，从写作开始提升自己课堂教育和研究能力，从写作开始让她自我感觉教育不再是那样枯燥无味、教育变得分外的活力四射、生活也变得更加充实和有意义。所以，这样的作用会有，但不会很大，在一定程度上让一些人觉醒、顿悟，反思自己的行为，更多的人则还是处于一种局外人和旁观者的角度而置身事外。

国培计划的根是教师的专业自觉性，只有教师个体拥有这个专业成长自觉性，才能在教育教学过程中拥有生命的自觉、教育的自觉、阅读的自觉，才能以一种既能仰望星空又能脚踏实地的方式进行教育，才能在教育的过程中想些大教育做点小事情。一旦教育个体能完成这样的转变，国培、或者任何一种培训模式就达到了启发、点化、顿悟的作用，教师专业化成长也就能实现；否则，一切都是徒劳，只不过成为一些政绩工程，不会取得多大实质性的贡献和作用。

教育要培养学生的气场和大格局

有人曾对恢复高考以来全国各地高考状元进行了一个跟踪调查，结果发现这些当年红极一时的状元在进入大学和参加工作后，很多都表现平平，并没有表现出特别的才能，更没有表现出与状元身份相匹配的成就。这让很多教育人士百思不得其解，为什么这些当年承载着教育梦的核心人物并没有创造人生的辉煌与奇迹。相反，很多人发现这样一个问题，很多当年在学习上表现平平的学生，却能够在生活与工作中创造奇迹，甚至像爱因斯坦那样的学生会攀登上科学的高峰。

这是一个非常有意思的话题，也是很多人在探寻的问题。于是，很多教育前辈都会谆谆告诫那些刚走上讲台的年轻教师们，善待每一个学生，因为成绩好的学生未来人生成就不一定大，成绩差的学生未来人生成就不一定小。为什么被教育培养成功的人才与没有被教育成功的人才之间会出现这样的现象，同时这种现象不仅仅是一个个例，而成为了一个具有规律性的东西，且被教育者认同。这是一个非常有意思的问题，更需要教育者好好研究，找到破解之法，才能引导教育走上健康的发展道路，才能有益于学生的发展，有益于教育的发展，有益于国家和社会的发展。

我一直在思考这个问题，也百思不得其解。前不久，再次翻阅《魏照学师》这个教育故事，再次看到魏照求师问学的那句话时，顿时眼前一亮，这不就是自己苦苦寻找的答案吗？故事是这样说的：郭泰是东汉末年著名文人，不仅博通古籍、学问精深、治学严谨，而且为人忠厚、正直、谦和。许多读书的名家、学者求拜他做老师，慕名而来的一般学生，平时只是来听听老师读经、讲经而已，但魏照却很特别，不仅用心听老师讲经书，还时时、处处注意学习老师的言谈举止、为人治学的品质。郭泰不解，于是问他：“魏照啊，别人认我为老师，不过是让我给他们讲讲经书、学学知识，我一讲完课，他们就四散而去，各自回家了。只有你和他们不一样，为什么还早早晚晚都陪伴着我呢？”魏照非常诚恳地回答：“当今，专门找一位传授知识的老师是比较容易做到的，但是，要找一位能教育自己怎样立志做人的老师却是很难的，我所以天天和你在一起，是要处处观察和效仿你的言谈举止，学习你待人接物所体现的品格，就像一束洁白的蚕丝，挨着鲜红的颜料，会渐渐被染红一样。”一席话，使老师很受感动。

魏照说找一位传授知识的老师是比较容易做到的，而要找一位能教育自己怎样立志做人的老师却是很难。魏照要学什么？学生要学什么？

知识易学品德难寻啊，甚至很多知识自己可以自学，但在做人、立志方面，需要有大格局的人才能引导一个大方向，才能成就一个大人生。这是魏照的学习标准，也应该是教育教学的一个基本标准，是每一个为人师者应该持有的一个教育标准，更是一个教育者应该拥有的教育品质。

当前，很多人都在反对应试教育，认为应试教育存在很多弊端，但又有多少人真正想到要去解决这些弊端和问题，又有多少人在以自己的方式去突破制约应试教育的瓶颈？魏照作为一个学生就能一语中的提出这个问题，要求教师不仅要传递知识又培养学生如何做人。这就告诉每一个教育者，教育不仅要进行知识传递，更需要教会学生如何做人。当前教育，不缺乏知识教育，更不缺乏应试教育，甚至这些教育已经做到了登峰造极的地步，让外国教育人士对中国的应试教育叹为观止，但是，当前教育缺乏的则是做人教育，教会一个人如何做人、如何立志，如何成为一个大写的人，而唯有这样的大教育气度，才能铸就大器，成就大才。

做人教育是一个非常宽泛的概念，涉及的面非常广，有理想、信念、诚信、责任、感恩、挫折、心理等各个方面，归根结底做人教育需要培养学生的气场和大格局。一个有理想想念、有坚定意志、有高尚品格的人，才是一个真正的人，这才是真正意义上的教育。那些只注重知识传递而忽视做人教育的教学活动，不能叫做教育而是教书；那些忽视做人教育的行为，都是不完整的教育。一旦做人教育能够注入受教者的血液和骨髓，与受教者血脉相连，就能焕发出巨大的生命力，正如魏照一样，终于成为一个学识渊博、有骨气、有志向的人。

这样的教育例子很多，都足以说明做人教育的重要性，都可以证明培养学生气场和大格局起着多么重要的作用。当年的童第周，学习成绩很差，但由于被外国人嘲笑，于是立志，焕发了生命活力，最后成为科学大师。再如，著名的钱伟长，尽管当年考入清华大学时理科总合才20分，但在入学第二天后见到九一八事变带给国人的巨大伤害和灾难后，马上找到院长转系，而且是从强项的文科转入到自己的弱项理科，唯一的理由就是要用实业救国，用科技改变中国落后的面貌。最后，通过与院长的不断请求、保证，他获得了转系，并实现了自己人生惊人的跨越，从一个理科差生变成了理科高才生，成为物理学界著名的科学家，创造了一个又一个科学奇迹。导致这两个人发生华丽转身的不是知识教育，而是其自身的气场和大格局所起到的巨大作用，而这个气场和大格局则是由做人教育所铸就是，是任何知识教育和应试教育都无法完成的教育行为。

教育，需要培养学生气场和大格局，正如古人说的“成人成器”，成为一个真正的人、成为大器，这才是社会需要的人才。那些高考状元们之所以没有取得状元身份应该取得的成就，根源就在于教育只注重他们的知识学习、应试训练，但是，却忽视了对学生进行人格、做人和理想教育，即教育忽视培养学生的气场和人生大格局，以致学生在毕业进入工作岗位后，把自己的人生局限于养家糊口、谋取功名利禄上，没有更大的追求，根源就在于当初教育忽视了培养学生的气场和人生大格局，以小志想谋取大成就，无异于痴人说梦。

纵观古代那些名师，无论是哪一个领域里面的名师，这些人都非常重视对学生的做人教育，重视培养学生做人的气场和大格局，从小就培养学生立大志、有远大理想、有宽广的胸襟、能包容他人的缺点和过失。这样的教育，恰好就是当前教育界提倡的大教育观，恰好就是在培养学生的气场和大格局，一旦这样的教育完成，这样的思想与学生的血脉相容，教育也就达成了。学生不仅能按照老师的要求做，也能自觉地学习、创造性地学习，还能在日常的生活中一如既往地按照这个标准去要求自己、提升自己。

古人云“名师出高徒”，名师之“名”体现在什么地方？名师的价值又体现在什么地方？正如魏照说的找一个传授知识的老师容易，但要找一个具有大格局思想的老师却难。基础教育也是同样的道理，目前中国能够传授知识的名师甚多，但能给予学生气场和大格局的名师却少。因此，名师的价值就体现在名师大格局和气场上，其总能穿透时空、高屋建瓴、高瞻远瞩，培养学生立大志、为学生的一生发展奠基，有了这样的气场和大格局，学生就会不断奔跑、不断攀登人生的高峰、事业的高峰。

不论是名师也好，还是教育家也罢，都需要具有培养学生气场和大格局的教育品质，唯有这个教育品质，才是真正铸造大器的教育。

教育要“画龙”更需“点睛”

我喜欢听歌曲，2005年以前，喜欢看普通歌手擂台赛，不过，那时的某个电视台的歌手擂台赛是有惊无喜，表现都很平常，也没有给观众带来多大的惊喜。

偶然一次不停换频道的时候，第一次看到了才开播不久的《星光大道》，第一次听到了阿宝唱歌，当时非常喜欢这个小伙子唱歌，但是又特别替他担心，像他这样扯破喉咙高歌，嗓子能坚持多久？要是哪一天嗓子真给扯破了怎么办？当时，自己不知道这些人声音本身就这样高，有这样的特殊音质和条件。后来，他从月赛走到年赛，最终站到了年度总冠军的位置，并不久登上的央视的春晚舞台。

现在，《星光大道》已经从众多的选秀节目中脱颖而出，独树一帜，成为歌唱界造星的一个重要平台。8年多来，从《星光大道》走出来的歌手很多，获得前三强的选手也有20多人，已经形成一个强大的阵容，更不要说每年的前六强和每年的优秀歌手。很多歌手都有自己独到的一面，都有自己特殊才能，才能站到年赛位置，或者当年前六强，或者年赛分场冠军，但真正能在歌唱舞台上有持久生命力的选手却不多，最让人多见的就是阿宝、凤凰传奇、玖月奇迹、李玉刚等歌手，其间也有一些歌手，其影响力没有这几个人大，分析之后，得出以下几个原因：

第一个最重要原因就是质量，这几个歌手都有一个共同的特征，那就是唱歌绝对属于一流，耐听，让人愿意听；第二个原因就是特色，每个歌手都有拿手好戏，都有自己独特的一面，比如阿宝的原生态和高亢的音色、凤凰传奇声音的空旷辽远、玖月奇迹的现代与民族相融合的韵味、李玉刚的甜美的音质与柔情似水的魅力；第三个原因就是创新，这几个歌手不仅能翻唱别人的歌曲，而且能够自己创作新歌，自己创作的新歌具有大众性，能够得到广大观众的喜爱和认可。第三个原因是这几个歌手不同于其他歌手的根本原因，也是他们能够一直深受大家的喜爱的原因。其他歌手虽然具有质量和特色这两个因素，在一定时间内能够得到观众们的喜爱，但是，时间稍微长一点，老是翻唱那几个歌曲，不能推出属于自己的新歌，或者推出的新歌不能迅速走红，只有慢慢退出人们的记忆。

这让我想到了教育。其实，教育也是质量、特色和创新这三个核心要素构成，在应试教育模式下，可以复制出很多优秀的学生，就像那些歌手一样，不管在台上模仿得多么像，但毕竟是模仿，代表不了自己，不能给自己的歌唱做一回主，根源就在于这些人是培养出来的复制品，不能创新，没有创造，更没有可持续发展力。相反，素质教育培养出来的人才，不仅能得高分，综合素质强，关键在于其不仅仅能够具有较强的模仿力，而且还具有超强的创造性，具有较强的可持续发展力，能够在不同时期不同环境下根据需要进行创新。从《星光大道》那些歌手的表现就完全可以看出这个问题。应试教育复制出来的人才，其只具有较强的模仿能力、没有任何创新；素质教育培养出来的人才，则很少去模仿，一直都在按照自己的思想去设计歌唱、用自己的思想去改变歌唱艺术、引起歌唱界的一个又一个奇迹的诞生。

我们现在谈要走出“中国制造”进入“中国创造”时代，但放眼当今世界，中国社会生活中的很多产品，有多少是中国创造出来的，比如苹果手机，风靡全国，但核心技术和原创首发并不是我们国家，我国没有显示出较强的创新力，但却表现出较强的复制力、模仿力。根源在什么地方？我想，根源就在于教育过程中没有进行创新思维力培养，当然在生活的过程中不能进行创新，也发现不了创新的点。因此，我们在教育中需要关注以下几点。

第一，关注学生自主学习力的培养。从阿宝到李玉刚、从凤凰传奇到玖月奇迹，这些人没有一个不热爱歌唱事业，甚至达到了疯狂的地步，以至于他们能够十多年如一日地坚持，把歌唱事业融入到自己的生命中。为什么他们能够做到这一点，根源就在于童年时代的教育把歌唱梦植入他们的心中，在他们心里深深地扎根，激发了他们的内驱力、点燃了他们上下求索的精神。正是这个自我成长的精神和状态，让他们不断探索，才取得如此巨大的成绩。教育也是如此，需要关注学生自主学习力、激发学生内驱力，那种企图通过教师一厢情愿的布置作业去控制学生的业余时间的做法必然会与教育规律背道而驰而失去作用。学习，教师仅仅是一个引导者，需要学生在教师的引领下自主钻研、摸索，这才是真正的学习。这个道理也即是古人讲的“师傅领进门，修行靠个人”。

第二，关注创新思维和创新能力的培养。教育的终极目的是通过各种教育手段和知识传递去培养学生的思维能力，让学生能够成为自己，能够用自己的思想去思维，把学生培养成真正的人。那种只有质量、特色的教育只不过是应试教育下现代工厂的复制品，就像《星光大道》某些歌手那样，拥有很好的嗓音条件、也具有超强的模仿力，但是，却没有多少创新能力，于是，终究不能在舞台上看到星光闪耀的辉煌场面，根源就在于这些歌手只具有模仿能力而无创新能力。我们知道，创造一个新事物是非常困难的，但模仿别人创造出来的新事物却是一件非常简单的事情，甚至这些模仿者比原创者都还要做得好、做得精彩，根源就在这里。但是，这并不能说原创者不如模仿者，相反，原创者的地位和影响是永远也不能替代的，因为原创者有自己的思想和灵魂在里面，而模仿者除开别人的影子之外鲜有自己思想和灵魂。教育者，只有把教育的重点和核心放在培养学生的思维能力和创新能力上，才能培养真正的人，才能走出应试教育与素质教育混乱不堪的局面，才能让教育突出重围，给教育找到新的发展方向。

第三，关注学生的理想教育。从《星光大道》这几个出色的歌手我们可以看到，这些人都有远大的理想，正因为这个远大的理想才成就了他们成功的人生。以阿宝为例，为了歌唱梦想，从初中毕业就开始寻找自己的梦想，在各种流动马戏团的流动舞台上去展示自己的歌喉，走遍祖国的大江南北，且在这个过程中不断走访民间艺人以学习和提升自己的歌唱艺术；为了坚持自己的梦想，曾连续九届 18 年坚持报名参加中央电视台全国青年歌手大奖赛，但每次都在第一关被淘汰，但他并未放弃梦想，后来终于在《星光大道》这个舞台上大放异彩。另外几个歌手都是如阿宝一般执著地追逐梦想，因此，教育要培养学生树立远大理想并坚定不移地逐梦，心无旁骛，坚持到底，才能真正培养出高素质人才。一个人成就有多大、一生能走多远、具有多强的可持续发展力，在很大程度上取决于这个人的理想是否远大，因为理想是决定一个人怎样走、能走多远的根本因素。当前，国家倡导“中国梦”，作为教育者的教育梦就是要通过自己的教育手段，去激发每个学生都拥有自己的梦想并不断践行和追逐。

学生的自主学习力、创新思维和创新能力这些问题是否能够得到真正的落实，根本的还在于理想是否远大的问题，因为，理想是核心和灵魂，是任何一个人发展和成长关键因素。正如作家写文章需要画龙点睛一样，教育也需要画龙点睛之笔，才能让教育活起来，才能让人才具有强大的可持续发展力。如果说教育在激发学生的自主学习力、培养学生创新思维和创新能力是在画龙，那么，对学生进行的理想教育则是教育的点睛之笔，任何教育缺少这一笔，产生出来的作品都是呆板的、没有生气、没有灵气、更无活力。

教育需要画龙，更需要点睛。

附：教育，输在起跑线——家长也需要反思

教育，输在起跑线

教育，不能输在起跑线上，这是当前被大家公认的一个教育理论，于是，胎教、早教、幼教等成为教育家、教师和家长们关注的重点。但是，笔者发现，目前中小学教育恰好就输在起跑线上，这一输的结果直接导致一些“后进生”“问题生”的产生。

最近关于幼教有好多新闻和文章，浙江温岭城西街道蓝孔雀幼儿园的老师故意虐待小孩；山西太原市迎泽区一名5岁女童因不会做算术题，不会算10+1等于几，遭幼儿园一名女教师狂扇几十个耳光；以及前段时间有老师拿针刺学生，用熨斗烫孩子等事件，这些事件频频发生，让人震惊。

很多心理治疗案例研究发现，很多成年人的心理疾病，都是来自于儿童时期或者早期受到的一些伤害所留下的心理阴影，这样的阴影会影响到一个人的终身，比如影响到后期会出现很多很多的心理障碍。受到影响的不仅仅是案例中被拎起耳朵的小林，还有更多的围观的学生。

2012年7月在英国皇家艺术学院举办的一场展览，所有作品都来自曾经遭受虐待的儿童，他们在艺术家的指导下，用作品展现内心的创痛。一位名叫雅尼的创作者今年已经28岁，他童年时被父亲毒打，此后离家

出走，每次被找到后送回家，得到的是更加凶狠的毒打。他反复离家，流浪，偷窃，吸毒，直到被一家儿童保护组织接纳，接受特殊治疗。雅尼创作的流血儿童的雕塑，触目惊心。可见，早年教育对孩子的影响非常巨大，这些事件有显性的暴利和隐性的暴力，这些暴力会给孩子造成极大的影响。

童年时代的教育对一个人一生中的影响是非常巨大的，一些细节、一些不重要的小事，会影响人的一生。如果教育能够利用一些细节对孩子进行正面教育，那么孩子受到的影响将是一生受用不尽；相反，如果教育不注重细节问题，这些也许在成年看来没有多大关系的细节，将会成为孩子一生心灵的桎梏和枷锁，一旦给孩子带上这样的“心灵枷锁”，孩子的灵魂从此不得安宁，生活将远离幸福。

知识教育是在不断积累中完善的，并可以在日后的时间中随着自己年龄的增长、学习环境的变化、心智的成熟、思想意识的提高而得到不断的弥补和提高。一个人的心理健康、性格、品质等一旦小时候养成，就会形成一种定式思维，而这样的东西在以后的人生中几乎很难改变，尤其是无意中在孩子心中形成的心理顽疾更是难以消灭。不良性格、习惯和品质等问题已经受到很多教育人士的重视，但早期教育不当或者无意中发生的一些事情对孩子一生中形成的心理顽疾却很少有人关注。

我曾给一个出版社编写《大科学家素要》丛书，我主编十本书里的两本——《永远的坚守》和《惊人的创造》。编写中曾深入研究和阅读这些大科学家小时候的故事，我发现这些科学家在小时候几乎都遇到了一位懂教育、懂孩子的母亲、父亲或者老师，正是这些细节的教育影响其一生，铸造其成为了一代科学家。很多在我们常人眼中看似毫无意义的东西，但却是影响孩子一生的重要因素。同样一个用针刺孩子的事件，“岳母刺字”可以造就一位千古爱国名将，而幼儿园教师有可能会“造就”一个问题学生、心理疾病学生。

我一直在想，童年时代教育留给了我们什么？很多人不明白这个道理，其实，童年的教育就是一些细节的关注和习惯的养成。1975 年，诺贝尔奖获得者聚会，记者采访这些享誉全球的科学家什么时候学的知识最有用。科学家告诉记者幼儿园教师交给他们的一些习惯、品质。记者不信，认为这个科学家开玩笑，简直天方夜谭，但接下来很多科学家都告诉了他这个相同的答案。很多人都看过这个故事，仅仅知道好习惯对科学家成长的影响，但是，却很少有人研究坏习惯对一个人一生的影响。没有多少人对那些犯罪分子、心理残疾人进行研究，早年的一些坏习惯、暴力行为对他们影响到底有多深。我想，答案是不言而喻的。

一个人受到外界环境的影响分为正面影响和负面影响，正能量必然会散发出正面的因素，影响孩子朝正面发展；负能量必然会散发出负面因素，影响孩子朝负面发展。《三字经》曰“人之初，性本善。性相近，习相远。苟不教，性乃迁。教之道，贵以专”，人之所以善，就是因为在成长的过程中获得了外界正能量的影响；人之所以恶，就在成长的过程中受到负能量的影响。这样的影响与血缘和基因基本上没有多大关系，因为每个生下来都是一张白纸，天生就善，不善的因素在于受到的教育和影响。因此，善的教育可以培养善，恶的教育则可以造就恶，人的一生，善恶就在教育者的一念之间。

从小父母留给我的教育是什么？我一直在反思，孩童时代自己的无理取闹，母亲为了改变我的坏习惯，总是狠狠地教训了我，这样的教育是一种正常的教育，是一种非常有必要的能及时根除儿童坏习惯的教育，这样的教育只能让我们记忆深刻，而不会在我们内心深处留下阴影。但是，浙江温岭幼儿园教师故意虐待孩子、山西太原教师狂打孩子几十个耳光，用针刺孩子，用熨斗烫孩子等行为，无疑会给孩子们一生留下极大的阴影而影响孩子一生的生活。这样的影响，不论孩子以后学习成绩多么好、人生有多么成功，这样的心理暗疾将永恒地留在孩子心中，成为一颗人生的定时炸弹。历史上著名的爱国名将岳飞，为什么那样爱国？我想，根源就在于他儿童时代母亲用针在他背上刺字，留下浩气长存的影响中国千年的“精忠报国”四个大字，这四个字作为母亲的一种教育精髓深刻留在他的心中，成为他一生最伟大的理想和抱负。但是，如果教师用针刺孩子，用熨斗烫孩子，这样的行为也将作为一生的阴影永恒地留在孩子内心深处，甚至成为影响其幸福人生的难以根除的顽疾。

现代教育，不仅仅要传递知识给孩子，更要塑造学生的心灵和灵魂，以正面的行为去引导孩子健康的发展。我为什么说我们当前的教育输在起跑线、失败在起跑线上，原因就在于现在的教育在幼儿园、小学阶段存在巨大的问题。这样的问题包含两个因素，父母因素和教师因素。一般而言，一个成绩好的孩子，小时候在家父母教会他良好的行为习惯，而这个习惯给孩子受用终身，尽管孩子的父母不懂教育、甚至根本就没有知识和文化，但影响孩子一生的只需要这种良好习惯、性格、品质即可。很多问题学生的产生，不是孩子本身有问题，而是孩子遇到了一个“问题家长”，很多家长在教育中甚至没有觉察到问题的严重性。家长就是起跑线，让很多孩子输在了起点，而以后的一切都处于“疲于奔命”的一种学习状态和人生状态中。

现代人在不同程度都存在一些心理疾病，这些疾病在不同程度上影响着一个人的生活和幸福。教育的目的不仅仅是为了让孩子学知识，更多是要通过教育塑造孩子健全的人格、个性、心理、道德、责任等良好品质，以及帮助孩子树立健康的世界观、人生观。因此，幼儿园教育、小学前段教育尽管知识性不重要，但是，却有一个影响人一生的品质在这个阶段养成。因此，这个阶段需要的不仅仅是一些能看好孩子的老师，更需要的是一些能真正懂教育、爱教育、懂孩子、爱孩子，并具有渊博知识和爱心的人为师。

教育输在起跑线。我前面提到的几个案例，我想得出的结论是现在我国幼儿园教师整体素质不高，师资配置出现严重问题。我认为，现在的教育，需要高素质教师存在两个阶段，一个是大学教师，另一个则是幼儿园教师和小学前段教师。这两个环节是影响一个人一生重要发展的阶段。大学教育需要高素质的教师，这一点是肯定无疑的。但是，另一个阶段需要高素质的教师却一直难以实现，即我国现在幼儿园的教师是教育素养最低的教师。教育界历来认为幼儿园教育知识性不强，只要教师有爱心就足够，于是，导致幼儿园教育教师素质和素养最低。她们大多来自于初中成绩中下，考不上高中而选择读幼师；在读幼师的时候，这些学生并没有真正投入到学习中，且这些学生没有做过母亲，不知道如何真正与孩子进行沟通交流。于是，才会出现案例中当孩子顽皮，或者当自己心情不好的时候，就会故意拿身边的孩子开心，这样一玩，就会玩出很多问题学生。这还是一些隐形的方式，还是属于少数情况，真正严重的情况在于这些教师由于知识浅薄、不懂教育规律，根本就不能贴近儿童的心进行教育，导致很多学生失去发展的机会。

我认为，幼儿园教育不仅仅需要爱心，更多的需要教师要有一颗发现儿童闪光点的心和发现教育规律的眼。要做到这一点，需要高素质的教师；否则，教育就只能输在起跑线上，因为孩子还没有真正懂得什么是读书学习，就已经被幼儿园教育和小学前段教育教成了“问题生”“后进生”。

中国教育要真正发展，我想借用“万丈高楼平地起”来阐明这个问题。最近看到附近修建房屋，偶然发现从平地基到动工就花去大半年时间，而后面的楼层建筑框架结构也就花了半年时间，可见打基础的重要性。幼儿园到小学前段，这个期间就是高楼的地基，一旦这个阶段的教育没有夯实，后面的所有努力都将得不偿失。因此，我认为国家应该拿出专项资金，在大学师范教育里面开设学前教育师范专业，这样的培养不是把幼师从中专或者职高级别上升到专科的高度，而是应该规划幼儿园教育本科专业，从高中毕业生里面招收优秀的学生来从事这项工作。同时，这个专业培养的面要广，不仅仅是一种装饰和锦上添花的功能，而是要能适应目前幼儿园发展、师资力量薄弱的状况，真正解决目前幼儿园教育师资力量薄弱和素质较低的现象。至少，我认为目前公办幼儿园都应该配置这样一批高素质的“正规军”，以高素质和高起点，造就学生在起点上就能受到一个好的引导，打好坚实的基础，然后才能在今后的学生生涯中不断进步。

教育，不输在起跑线上，我认为最根本的一点就是要培养和配置高素质的幼儿教师队伍，这是解决我国目前均衡教育和教育发展的重要抓手，也是一项重要的民生工程。

家庭教育，千万不能播种“恶”的种子

2012年3月1日，20岁的马金库歪着头坐在法院被告席上，嘴角上挂着笑意。马金库被指控因不满受害者尹女士让他帮忙照看孩子，持斧子将尹女士以及她2岁的儿子砍死。他称早已轻生，只求法院速判他死刑。马金库生于1991年，在其幼年时，父母离异。当时，他的父亲钱宝生赌钱不回家，继母便将他锁在家里，自己回娘家去，小金库“一连两三天吃不上饭”。1995年，马金库4岁时，其父因“几块钱的事”将朋友杀死，不久被枪决。直到6岁时，马金库才被别人带到生母樊守丽身边，而马金库已经被继母“用扫帚把儿”打成了耳聋。对于6岁前挨打、挨饿、父亲犯罪、家庭破碎的马金库来讲，当时的际遇已经种下他日后行为的种子。有事例为证：当他看到老板那集万千宠爱于一身的孙子时，总有种怅然若失的感觉。公司里几乎每个人都会给这个小孩买些东西，可是当孩子向马金库要苹果时，他却不理会——“他不喜欢这个幸福的小孩子”，老板的女儿说。甚至，他还往这个孩子的饮料中投入了镇静剂。正是这个“恶”的种子，让马金库变成了一个杀人恶魔。

看到这则新闻，我不由想起来成龙主演的电影《新警察故事》。这个片子我看了很多遍，每次都是静静地看电影，看人物对话，看电影带给我们的反思。

成龙的电影我非常喜欢看，因为有精彩的打斗场面，据说还不用替身，很多都是成龙亲自上阵。《新警察故事》思想内涵非常丰富，给我们传递出一个非常严肃的教育信息：现代家长，尤其是有钱有权有势的家长，应该怎样教育自己的子女。

《新警察故事》不仅是成龙在英皇电影公司的处女作，更是成龙在近

期票房不佳之后的“翻身之作”，大家慨叹香港电影又捡回了成龙的风采。但是，很多人看到的却是成龙大哥在银幕上也有受制于人、跪地求情的委屈时刻，而没有过多的思考电影带给教育有价值的思考。我认为，这部片子是成龙电影史上最具思想性和教育性的电影。

2004年，成龙推出《新警察故事》的时候，还没有“富二代”、“官二代”这些词语，但现在，“富二代”和“官二代”不仅成为一个时尚的流行词语，更代表一种阶层、一个强有力的群体。他们屡屡发生飙车案，撞伤撞死一些无辜的百姓，但他们却能够用手中的钱给自己消灾、减轻自己的罪行，而罪恶的行为却得不到遏制，以致飙车案越来越多，越来越多的百姓在他们车轮下丧生，以致发生嚣张叫喊“我爸是李刚”等案例。情况越演越烈，此后发生了药家鑫开车撞人后不仅不救人，反而用刀杀被撞者。现在教育界开始反思“富二代”、“官二代”漠视生命的现象，他们人格被扭曲、价值观发生偏移，这是一个时代的反应。

成龙大哥主演的《新警察故事》讲述了一个让教师和家长胆寒的故事：香港某警察总司有个儿子名叫祖，从小其父恨铁不成钢，进行了严格的家庭教育，时常对他进行打骂、辱骂，甚至用手铐铐住自己的儿子进行打骂教育，其结果可想而知，儿子恨自己的父亲，但又无能为力。相反，母亲却很宠惯自己的孩子，一遇到这种事就给儿子钱，以满足他心理不平衡。母亲不是好好地开导孩子、教育孩子，却用金钱去满足孩子，结果金钱蒙蔽了孩子的眼睛。由于母亲的娇生惯养使孩子走向了反面，祖从打电子游戏开始最终走上了犯罪的道路。祖的犯罪让我们触目惊心：他组织了一个团伙抢劫，抢劫时除了抢钱外还故意让银行人员报案，当警察到达时，他们便大下杀手，开枪射击，什么人也不杀而是专门杀警察，然后逃之夭夭，警察死了，当然也迟迟破不了案。同时，他们把有次因为有个警察泄密而全歼警察的事件编写成电子游戏软件，在世界不同的地方传到网上让孩子们玩，多么猖狂。更可悲的是，其他几个孩子都是高干子弟，家里都很富有而不是没有钱，原因在于他们恨自己父母那残暴的教育方式。祖恨自己的父亲，通过杀警察来解恨、达到刺激的目的。当然，最后，这个孩子在那最关键的时刻还是有点良知，没有杀自己的父亲，而是用空枪射击而让警察把自己击毙。

多么触目惊心，但又不得不让我们反思，我们的孩子到底怎么啦？这里，这个孩子的结果，真应该让我们的家长、教师好好地反省反省，问题出在哪个地方？关键在于现在的教育走入一个误区：“再穷也要富孩子”、不能让孩子输在起跑线上、家长对孩子要求太过严格，甚至自己以前不能实现的愿望和理想，都往孩子这颗幼小的心灵里面装。

为什么教育会出现这样的一种状况，问题出在什么地方？这是我们不得不思考的教育话题，因为像这样的教育失败的例子太多了。其实，问题很简单，原因不在于孩子身上，而是在于父母的爱没有合适的表达，所谓过犹不及。每个父母都是爱自己孩子的，这是人的本性，祖的父亲也一样，但是，由于其对孩子要求很高，当孩子达不到自己要求的时候，就采用对付犯人的方式来对付自己的孩子，毒打、手铐等都用在孩子身上，以致祖自幼被父亲虐打，极度仇恨警察。于是祖成了超级罪犯团伙首领，不但违反法纪，更将警察当成网上猎杀游戏的对象，但他父亲却根本不知道，而他却一次次在这样的活动中挑战警察，找快感。父亲因爱生怒，于是把所有的愤怒都发泄到孩子的错误上，你想，孩子也有尊严啊，这样的教育肯定不会有好的结果；相反，祖的母亲则用金钱来诱惑，让孩子失去了理性，然后破罐子破摔。你看，这两个家长没有进行理性的思考，而是盲目地教育，这样能够成功吗？

从祖父母的教育方式和其他几个成员父母的教育方式可以看出，父母对孩子表达错了爱，以致孩子们如此恨自己的父母，以祖为首的团伙，以专门杀警察的方式与自己的父亲作对。这些孩子的行为很解气，但却触犯了刑法，最终受到法律的制裁。父母爱孩子，教育孩子，一定要进行正确的传情达意；否则，就会出现感情错位，导致不仅不能达到爱的目的，反而变成一种伤害。

一个使用家庭暴力教育出来的孩子，必然学会暴力，甚至产生以暴制暴的行为，其自身也会走上暴力道路，这是《新警察故事》告诉我们一个道理。一个仅靠物质利益满足孩子，忽视孩子精神世界，孩子在世界观和人生观上势必出错，甚至出现不尊重生命的行为，因为，他们潜意识里很多事情都是可以靠金钱和权利解决的，这是《新警察故事》告诉我们的第二个道理。

家庭教育呼唤理性的教育，而不是简单的打和骂，也不是简单的给钱满足孩子物质上的需要，他们需要的不仅仅是物质上的满足，更重要的是精神上的安慰。空虚的灵魂没有安慰、必然会去找一些刺激的物象来充实自己。于是，就出现了悲剧。父母对孩子，应该多一点的关心和爱护，而不是因为稍微做错了一点事情就大吵大闹，那样的结果必然会伤害亲子之间的和谐的感情。因此，作为家长，要正确表达自己的爱，正确行使自己的教育引导权，确保孩子在心灵上得到健康的成长。

当然，在某些时候，还是有必要进行一下惩戒教育，仅仅用爱是不能完成对孩子的正确引导的。毕淑敏有篇文章叫《打与不打都是爱》，文中写到："其实有时孩子是需要教训的，但当家长的要注意时间和情况，允许孩子的申辩，不能不分青红皂白的说发火就发火，而且打完后家长也要检讨，毕竟使用暴力是不可取。要让孩子知道你是为了他好，才不得已而为之的，要孩子知道你的良苦用心。"这是一个作家用审视的眼光看我们的教育，看我们教育的理性与非理性，看我们教育极端化处理给孩子带来的影响。作者明确地告诉孩子：孩子，打不打你妈妈都是爱你的，打你是因为你已经不听话，是为了引导你走上健康的发展道路，打你妈比你还痛；不打，你又不听话，这是妈妈最后唯一的无奈的办法。

"一花一世界，一叶一菩提"。每个儿童都有自己的个性，都有自己的思想，因此，一个儿童就是一个世界。儿童是鲜活的人，是一个嗷嗷待哺的个体，外界环境给他们什么影响，他们就会朝什么方向发展，家庭教育质量的高低，直接影响儿童的发展。家庭教育，千万不能播种恶的种子，暴力教育只能导致以暴制暴的发生，只能培养具有暴力倾向的孩子，而不能培养一颗善良的心。

现代儿童教育，需要家长给予孩子们一个绿色空间和环境，给予孩子们理性的引导，而不是粗暴的蛮横的教育；孩子们需要的是教师和家长真诚的对话而不是居高临下的训斥；孩子们需要的爱和情而不是打不是骂。

家长要理性对待孩子在家上学潮流

中国在家学习的孩子约2000人，活跃的约1.8万人。这些孩子主要处于小学阶段，大多家庭不认同学校教育理念。高中毕业后家长多让孩子出国留学。“学校是一个围墙，孩子只有在家上学，才能真正接触社会，体验生活。”（《钱江晚报》）

近年来，在家上学开始在中国大地流行、开始走入人们的视野，不少人开始接受这种教育观念并尝试用自己的教育理想和方法去教育孩子，也有一些人开始热衷并追捧这种教育方式，认为这是一种个性化教育方式，是破解当前基础教育弊端的一个有效途径。诚然，这是一种新的教育体验方式，但是如何驾驭这种教育，这种教育到底会不会给孩子成长带来另外一些负面因素，都是值得每一个期望走进这种教育的家长和教育者们思考的问题。

现在一些家长不满意学校教育，总认为学校教育质量不高，阻碍了自己子女成长的步伐。我认为，不论是在学校接受教育，还是在家接受教育，其教育的实质和核心都是一样的，都是促进孩子成长，都需要理性对待孩子成长。在此，提出以下十个问题，供家长和教育者们思考。

1. 家长的教育水平问题。孩子在家读书的必备前提是家长必须具有较高学历和一定的教育水平。我们知道，学校是专门的教育机构、有专门的课程设置、有专业的教师队伍，家长要教育孩子，不仅要具备高学历，而且还需精通各门学科，才能游刃有余地教育孩子，才能把握知识传授的度。同时，家长对教育必须有深刻的理解和领悟，才能引导孩子健康发展；否则，仅仅凭热情去对待自己子女的教育问题是远远不够的，届时不仅不能帮助孩子，还会搬起石头砸自己的脚。毕竟，这种教育方式需要的不仅仅是学习语文那样简单，而是每一个科目作为家长都要懂，都要精通。

2. 家庭资金雄厚问题。雄厚的家庭经济基础是孩子在家学习的基本保障。孩子在家学习，就必须要有一个全职妈妈或者全职父亲在家陪读、代教，就像丁俊晖的父亲当初教育他一样，还要充当孩子成长的教练；当然，另一个人则要承担全家的经济来源，或者需要毕其功于一役，拿出家庭全部资金和财力来教育培养孩子，这样，势必会给家庭经济带来巨大压力。作为家庭教师，只有自己是一个教育的全才和通才，才能在艰难的情况下坚持下来；否则，自己某些学科不懂、不精通，需要请专职的家庭教师到家给孩子辅导和教育，这笔教育费用是非常昂贵的。一般的普通家庭很难承受这样的经济费用，也很难有这样的教育条件，唯有雄厚的家庭经济基础，才能有效保障。因此，我们在各大新闻看到的报道，很多都是财力雄厚的家庭。所以，这样的教育，不具有普适性，而是个别性，更不值得大张旗鼓的提倡，介入者需要谨慎，不能凭一时头脑发热。

3. 教材编写问题。个性化的教材成为在家学习最重要的保证。个性化教育就需要有个性化的特征，很大程度上学校教材都不适合在家学习，需要家长根据自己孩子学习过程中出现的各种问题进行有针对性的训练，这就需要家长自己编写各科教材；或者每次给孩子上课前就要准备相应的教学内容，让孩子按照某一个教育体系发展，而不仅仅是一些简单的知识叠加，而是要通过学习培养孩子学科思维能力。因此，教育不仅仅是单一的知识教育，还要站在每一个学科的整体上进行构思与设计，全盘思考问题，才能让孩子掌握某一学科精髓；否则，就是一些零散的知识，一旦出现这样的局面，其后果比现在很多人反对的学校应试教育的后果还要严重。因此，家长应站在一个宏观的角度去谋划学科教育、去建构学科思维和学科知识体系，一旦不能完成这样的教育，再高的分数其教育也必将走向失败。

4. 家长的心态问题。每个让孩子在家接受教育的家长，都对教育和孩子抱有很高的期望，都对自己的教育和未来充满热情。但是，教育是有生命的事业，是塑造灵魂的事业，很多时候教育者这样做了，但受教育者却不一定会跟随你的思路和步伐。因此，家长一定要抱有一种平和的心理态度，毕竟，我们在新闻上看到的都是成功的案例，更多的没有获得成功的案例不为人知晓。一方面，在教育的过程中不能抱太高的期望值，否则，就容易丧失理智，对孩子施行一种近乎苛刻的教育方式；另一个方面，几年后或者十多年后，当你发现自己为孩子的教育付出的毕生精力，但却并没有达到自己的理想状态和期望值，大失所望，那时已经太迟了。所以，不论是教育的过程中还是收获教育的时候，都要保持一种平和的心态，平静对待孩子和教育，理性对待孩子的成长。

5. 人生价值观问题。父母一旦做出这样的决定，注定自己的人生观和价值观将发生翻天覆地的变化和转移，从此唯一的中心就是孩子，牺牲自己一生的事业和时间。从孩子出生到读高中，整个接受教育的阶段接近 20 年，在父母正常的结婚年龄并马上就要孩子算起，这些时间基本上要耗尽一个人青春年华，孩子高中毕业而父母已人到中年。作为一个人而言，是否每个人都有这样的必要把自己的一生时间都花在孩子教育问题上，是否每一个家庭都能忍受这样的寂寞和牺牲，忽视自己的人生理想、信念追求、青春年华，而这一切都需要父母具有巨大的牺牲和放弃。此外，对于自己的这种牺牲和放弃，如果孩子能够理解父母的苦衷还好，一旦孩子经历这样的教育后，不理解自己的教育期望值或以后发展没有达到自己的期望值，后果将是不堪设想的。

6. 孩子的心理教育和交往问题。如果上面的条件都满足了，还不一定能够培养出健康的孩子。因为，我们都知道每个孩子都有玩的天性，其不可能完全按照父母的要求做，即使孩子能达到父母的要求，但是，孩子从小没有和更多的孩子在一起玩要、一起合作学习、一起游戏，势必会导致孩子的心理出现一种自闭症，甚至有些看不起其他人，一旦形成这样的一种意识，问题是很严重的。孩子因缺乏交往，必然会导致心理出现一些问题，而这些问题是父母通过自己的教育无法完成的，这些都需要孩子在和同学们相处的过程中自己去体会、自己去感受，任何外力都不能替代这个作用。这是现代学校教育一个隐性的作用，这一点被很多教育研究所忽视，毕竟，孩子是在学习和玩相结合的过程中获得成长的，这些从小没有和同学一起玩耍长大的孩子，势必会导致性格很单纯，就像我们在武侠小说里看到的那些从小就与世隔绝培养出来的孩子一样，对社会上很多事情都不甚了解，造成人为的隔离和孤独感。现代社会对人才的需求，不仅仅需要知识，更需要具备较强的交往能力，以及疏导心理压力的能力。

7. 成长与快乐的问题。现在，大家都有一个意识，那就是成长比成才更有价值和意义。很多教育案例中，父母对孩子要求过高、过严，结果导致孩子成绩很好，但是孩子并没有享受到学习的快乐，始终处于一种被动的学习状态。一旦孩子享受不到学习的快乐，势必会在内心深处滋生另外一种消极情绪，而这种情绪很有可能会隐藏很深，一时半会不会显露出来，一旦到某个情境的时候，就会爆发，而一旦爆发，那将是毁灭性的爆发，其破坏力并不亚于一场8.0级地震。因此，教育不仅要让人成才，也要让人成长，更要孩子快乐，这才是现代教育所追求的目标。

8. 学习潜能开发问题。学习，不仅仅需要分数，更需要素质、能力、创新等综合素质的发展，这是当前社会对教育新的期望。孩子在家学习，势必会受父母的喜好的影响，父母以自己的喜好代替孩子的喜好，以自己的情感代替孩子的情感，孩子没有自己的思想，只能追随父母这个特殊的教师的喜好。如果孩子不喜欢这样的方式，势必会导致一种“要我学”的尴尬。同时，父母不可能精通每个学科，尤其是政治、历史、地理、生物、音乐、美术、体育、劳技、科技、微机等，这些学科在一些父母看来形同虚设、毫无价值和意义的副科，而忽视这些副科教育会蒙蔽孩子的眼睛。每个孩子都需要多种智能，教育的目的就是要把每一种智能的种子播种在孩子的心中，并不断地浇灌、培育，让每一种智能都能得到发展，等到一定时间，孩子再根据自己的喜好和自己特长选择优势智能发展自己。如果孩子在家接受教育，很大程度上会导致这些智能得不到开发。

9. 普适性与个性教育的问题。孩子在家读书是一种个性化教育，在一定方向和教育范围内起着一定的作用，但这种教育不具有普适性，并不能代表大众教育，不具有引领一种潮流的能力，更没有推广的价值。这种教育方式仅仅是少数有这种教育条件的家长和少数痴心教育的家长的一种自我满足方式，仅仅是少数高收入阶层“玩”的一种教育游戏，不必引入大众教育视线，其余家长也没有必要介意自己的孩子不能够接受这样的教育。

10. 教育结果和预期达成度。这种教育导致的结果，能不能按照家长预定的目标发展，能不能让孩子获得成功，能不能让孩子享受到成长的快乐和人生的幸福，还是一个未知数，孰是孰非，结果如何，一时半会是无法衡量的，这种教育的价值，需要用时间来检验。在这个检验还没有得到基本认可的情况下，建议家长们还是采取谨慎的态度，采取学校教育来完成对孩子的培养。尽管丁俊晖在这种教育理念下获得了极大的成功，郑渊洁也采用这种教育方式成功地培养了自己的儿子，但是我们必须看到这样一个事实，丁俊晖自身有斯洛克运动项目的天赋和自身喜爱这个运动，而郑渊洁的儿子是站在他的肩膀上获得成功的。换言之，如果更多的父母不能像郑渊洁那样为孩子提供一个站在巨人肩膀上发展的平台，建议谨慎行动，提防风险，以确保教育投资。

谨慎对待低龄孩子出国留学

现在，出国留学已经成为一种潮流，这种潮流在高层和富裕阶层里面成为一种不可阻挡的潮流。其中有不乏真正为孩子做好全面人生规划而出国留学的，更多的则是一种对国内教育的抵制、否定和反叛行为，或者是富豪与权贵们一种相互的攀比行为，而且这种趋势朝平民化和低龄化方向发展。

不管这种行为的出发点是什么，其最终的承载点都是孩子，最终的结果都要由这些孩子们去实施。现在，“教育不输在起跑线上”已在很多家长心里形成一种共识，且这种理想越来越影响着每个家长、每个家庭，教育甚至也因此而演变产生出一条巨大的产业链。父母的这种“好心”会不会被孩子们接受，会不会真正润泽孩子们的心灵，这是低龄出国留学儿童必须考虑的问题。

前不久，某人评价《非诚勿扰》栏目里的那些男女嘉宾，尤其是那些从小就出国留学长大的青年男女，语言逻辑有问题、狂妄自大、目空一切等。不难看出，这就是低龄出国留学在孩子们心灵造成的无意识的伤害，而这样的伤害也许孩子们自身和父母根本就没有意识到，但一旦和别人交流，这些问题就完全暴露出来。现在，低龄化出国留学家庭必须充分考虑这个问题，尽量避免和减少这样的问题发生。

我们知道，教育孩子和培养孩子，不仅仅是知识方面的教育，也不仅仅是视野拓展、思维能力、创新能力方面的教育，还有对孩子道德、诚信、责任、核心价值观的教育，更有父母与孩子进行心灵的沟通、对话式的亲子教育。亲子教育是任何教育都无法代替的，也是任何教育都无法解决的，一旦缺乏亲子教育，必将对孩子的人生、就业、婚姻、世界观和幸福感等造成不可估量的影响。我想，这才是教育最重要的部分，也是一个人在生命旅途中需要的重要生命元素，一旦离开这些生命元素，能不能在生活中感悟和体验到真正的人生幸福，人生幸福的指数有多高就不得而知。毕竟，教育的最终目的不是为了中高考，也不是为了找一份工作，而是为了一个人一生的幸福。但是，如果一个人生命中得到这样的教育太少或者几乎没有，即使有较高的学历、有较好的工作，他也难以找到人生幸福，也感受不到生命中那些美好的东西。

现在，政府和教育界都在讨论留守儿童教育问题，都在探寻解决留守儿童教育问题。我想，留守儿童教育最根本的问题就是亲子教育，这个教育看似简单，实则并不简单，是其他任何教育形式都无法比拟和取代的，其地位是所有教育形式之首。很多孩子，童年由于没有得到父母的关爱、没有得到父爱母爱的润泽，会在心灵深处留下深深的印记。毕飞宇在小说《哺育期的女人》里就对这个问题进行过深刻的剖析。在这个小说里，他塑造了旺旺这个人物形象，一个7岁的小男孩，自小没有得到母爱的滋润，从小没有吃过母亲的奶，吃的仅仅是“无味”的各种各样的奶粉。于是，他渴望得到母爱的爱抚，渴望得到母爱那甜甜的乳汁的滋润，在这种渴望心理的支配下，他终于控制不住自己强烈的欲望，突然地咬了惠嫂的乳房。在旺旺的眼里，乳房是母爱；而在他人眼里，乳房是性。当旺旺被小镇的人批为流氓时无法理解这些人怎么这样对待自己而悲伤失望。其实，作者探讨的就是亲子教育，他通过旺旺这个人物形象的叙述来唤起人们那泯灭的良知，试图以此来造就一个良好的环境，促进学生的发展，促进教育事业的发展。

我在毕业之后就当班主任，也遇到过关于亲子教育问题的案例。有一天，我班上一个家长到我办公室给我说一件伤心事情：她在孩子小学3年级的时候离开家到外面打工，4年多一直没有回家，今天回家后就到学校来看看孩子，让人想不到的是孩子认识自己而自己却不认识孩子，而且，孩子并没有因为4年多没有看到母亲而感到特别的亲热亲近自己；相反，就像陌生人一样，毫无感情。这个母亲在谈到这个问题的时候，非常伤感，情不自禁地流露出自己对孩子的亏欠，但为了外出打工挣钱养家糊口，不能兼顾对孩子的照顾。这一幕虽然过去了13年了，但却深深的印在我的脑海里。这里我们不仅可以看到留守儿童教育的重要性，更看到亲子教育缺失导致的后遗症。

很多富豪和权贵家庭，既不存在留守儿童教育问题，更不存在亲子教育缺失问题，但是，一旦在孩子低龄的时候就送孩子出国留学，必然导致另外一种“留守儿童”教育问题和“亲子教育”缺失危机，而这样的教育后果本来是可以避免但却没能够避免。也许，在国外孩子能够接受相对比较先进的教育，但却失去了人生中最重要的亲子教育、情感教育，这才是最严重的问题。这个问题，也是当前破解留守儿童问题最核心的问题，一旦能很好地破解这个问题，教育中出现的很多问题、很多问题学生、很多社会问题都能够得到有效解决；相反，如果得不到有效的解决和控制，因为这个问题所导致的负面因素将会严重影响人们的生活、社会的发展和进步。

一个人成才很重要，但一个人的成长更重要，成长在先成才在后。如果一个人仅仅只有成才而无成长教育，无疑这样的教育是失败的教育，这样的教育就不可能带给孩子一个健全的人生。作为一个父母，我们要带给孩子的不仅仅一个好的学习环境、生活环境等外在的物质上的需求，更多的则是要带给孩子在人性、母爱父爱等方面的亲子教育和生命关怀，这才是每个父母需要做好的事情，也是各级地方政府和教育部门要给予孩子和家庭提供的真正的民生保障。当孩子在和父母的交流中感受到了来自生命的温暖和关怀、来自血缘关系方面的亲情教育，才能真正培养和树立起情感，才不会被教育塑造成“冷血”动物。

其实，中国基础教育并没有很多家长和教育专家诋毁批判的那样恐怖，而是在以它自己的方式不断地在发展和进步。例如，近日上海学生PISA（国际学生评估项目）再获第一，令世界震惊，全世界的目光都投向了上海，有些国家急切想来取经。再如，基础教育中一线很多老师都在不断地探索教育，以他们的教育方式去润泽孩子们的生命，尽管他们仅仅是一个草根教师或者普通教师，但却在某些方面某些程度改变着教育的现状、谱写着教育的赞歌。再如，中国的应试教育被很多专家学者批判得一文不值，但目前应试教育却出现一个非常“奇怪”的现象，那就是“中国教育想甩而甩不掉，外国教育想学却学不像”，这说明什么，这只能说明目前很多人士和专家学者对中国教育认识不足，以偏概全。

中国教育并没有很多人想象的那样糟糕，而是发展到当前已呈现出一种“百花齐放、百家争鸣”的一个状态，尤其是近十年中国教育倡导的课改在一定程度上给教育注入了一剂强心针，以及近十年民办教育的崛起，在基础教育大放异彩，并引领着中国教育的改革和发展，让教育不断鲜活起来。因此，家长们完全没有必要见风就是雨，更没有必要大惊小怪，对中国的基础教育产生害怕、恐惧、担忧，甚至不惜一切代价也要送孩子到国外留学。姑且不谈这种行为对一个家庭经济造成的负担，孩子是否能够在国外进入真正优质的学校、是否能够在国外得到人身安全、是否能接受最优质的教育，单从人为“留守儿童”教育导致的亲子教育缺失这个层面上讲，家长就应该谨慎对待这个问题。

出国留学，不是一种跟风，也不是一种潮流，更不是一种攀比和炫耀，而是一种来自自我发展的真实需要，从自己内心出发，从孩子需要出发，从孩子成长教育出发，这才是问题的根本。

唤醒沉睡的创新思维

爱迪生说：“天才是1%的灵感加上99%的汗水。”这句人们耳熟能详的名言，让我们懂得勤奋和汗水可以造就出天才和成功，但原文后面还有这样一句关键的话：“但那1%的灵感是最重要的，甚至比那99%的汗水都要重要。”这就是创新思维的力量。这也告诉我们，学习不仅需要勤奋，更需要唤醒和培养创新思维。

创新是一个民族进步的灵魂，是一个国家兴旺发达的动力，也是一个人在工作乃至事业上永葆生机和活力的源泉。实践证明，在学习上，谁善于创新思维，谁的灵感就能不期而至；在工作上，谁善于创新思维，谁就能左右逢源；在事业上，谁善于创新思维，谁的天地就宽；在修养上，谁善于创新，谁的形象就好。没有创新，就没有学习的进步；没有创新，就没有社会的前进和发展。

我国已确立到2020年迈入创新型国家行列的目标，提高自主创新能力，建设创新型国家，需要大批具有创新精神和能力的人才。21世纪，很多行列都将是创意产业，创意产业的发展将是以后社会发展的一个重要方向，而这个方向最核心的就是需要现代人才拥有创新思维。中小学生应该在接受基础教育的学习阶段，从小就培养会思考、善分析、能创新的品质，这样才能在未来社会竞争和挑战中应付自如。尽管现在很多大学生毕业后工作不好找，但如果你是一个创新型人才，是有很多好工作等待你去选择和挑选，很多好岗位等待你去发挥聪明才智、一展宏图。

创新思维的作用是非常巨大的。首先，创新思维能力的有与无，将决定一个人的发展前途。由于创新思维能力上的差异，导致了不同的结果或结局。踏实肯干固然重要，但从某种意义说来，有无创新思维能力，即应变思维的能力、超前思维的能力、联想思维的能力等更为关键。其次，创新思维能力的高与低（大与小），将决定一个人的事业天地。古今中外，大凡在事业上有所建树、有所作为的人，可以说，都是创新思维能力很强的人。他们凭借高超的创新思维能力，对事物进行优化组合，正确评价，对信息进行科学判断，认真梳理。一句话，他们靠智慧、靠特色、靠创新、靠点子，开拓出了事业上的一片广阔天地，被人们所赞颂，所称道。再次，创新思维能力的超与凡，将决定一个人的勇气谋略。创新思维能力超高、超众，就能敢于说别人没有说过的话，敢于做别人没有做过的事，敢于思考别人没有思考过的问题。创新思维能力的超与凡，将决定一个人的勇气、胆识的大小，谋略水平的高低。最后，创新思维能力的显与隐，将决定一个人的目标设计。有无创新思维能力，有哪个方面的创新思维能力，准确了解、把握自己创新思维能力的大小及其表现形式，将有助于自己的发展定位和目标设计。

1936 年 10 月 15 日，在美国高等教育 300 周年的纪念大会上，爱因斯坦说："没有个人独创性和个人志愿的统一规格的人所组成的社会将是一个没有发展可能的不幸的社会。"管理大师德鲁克说："对企业来讲，要么创新要么死亡。"可见，创新多么重要。反观我们人类历史的发展进程，你就会发现人类社会历史就是一部创新的历史，就是一部创造性思维实践、创造力发挥的历史。没有创新，就没有人类社会的文明和进步，就没有今天高度发达的物质和精神文明成果。

创造性思维是指人在探索求知领域时能够突破习惯的思维方式，以新颖的、多角度的方法进行思考，从而得到新结果的思维活动。简单地说，创造性思维就是思考问题时“敢想人之不敢想”的思维活动。创新思维是在过去我们常用的逻辑思维——如联想思维、发散思维、收敛思维的基础上，结合非逻辑思维方法，新创建的一套思维模式。传统的学习是学生完全在教师的引领下全盘接受知识，而不是用自己的思想去质疑知识、探索新知。这样的学习有失偏颇，会让每个学生丧失自己的个性和品质，不能成为思维的主人，仅仅是知识的复制者而已。实践证明，人的思维受到启发就能创造新的知识，唯有如此，才能把握学习的真谛，才能真正掌握知识，才能成为知识的主人。作为学生，应充分训练自己的开放思维、创新思维、多维思维和利他思维。这是因为，开放思维有利于吸收新知识、创造性思维则敢于挑战知识权威，多维思维从多角度探索知识和促进创新，利他思维凭借道德力量而更加勇于开放和创新。

我们知道，创新思维是创新实践、创造力发挥的前提；思路决定出路，格局决定结局，思维和思路决定出路。创新是企业竞争的法宝，今天的社会竞争靠什么竞争，有人说是靠特色、靠创新、靠点子、靠思路，其实，根本在于创新，创新思维才是竞争的法宝。

创新能力是人的所有能力中最重要、最宝贵、层次最高的一种综合性能力，而在现代生活中，这种能力尤为重要。创新思维可分为：联想思维创新、灵感思维创新、想象思维创新、发散思维创新、机遇创新、迂回思维创新、收敛思维创新、逻辑思维创新、辩证创新思维。创新和我们日常的生活息息相关，创新其实非常简单而并不是人们想象的那样神秘，只要你善于观察、善于思考，没准你也能走进创新的领域和天地。

很多人都认为创新和创新思维是一个非常神奇的东西，其实，创新就在我们的一念之间和日常生活中，关键在于我们用什么样的心态去对待生活中的每一个细节、每一个正常的故事或意外的故事，这些都是我们创新的契机。当我们与同学做游戏时，当我们与家人共同进餐时，当我们参与某种劳动时……只要我们对周围的事物仔细观察、比较，就会发现，原来我们的周围有许多问题都有待于改进，都需要创新。著名教育家陶行知先生曾提出“处处是创造之地，天天是创造之时，人人是创造之人”的观点，并提出对眼、手、脑、嘴、时、空的六大解放，还进行了大量创造教育的实践。因此，作为学生就应该利用教师所创设的各种教学情境积极训练自己的创新思维能力，让自己成为一个善思考、会分析、能思维、能创新的人才。

现实生活中，不少学生上课时懒于思考，只等着老师讲解，自己抄现成的结论；看书时，不善于发现问题，有时即使发现了问题，也不愿意经过自己的独立思考去解决，而喜欢依赖别人的帮助；做作业时，遇困难就问同学，甚至抄同学的作业成果。这种缺乏独立思考的学习态度，是他们陷入学习落后境地的根源。很多人认为创新思维效果太慢，都不如那种短平快的训练成效大。其实，这是一个误区。爱因斯坦的老师海因里希·韦贝尔对爱因斯坦说：“你是一个十分聪明的小伙子，可是你有一个毛病，就是你什么都不愿让任何人告诉。”在这里海因里希·韦贝尔老师说的“毛病”，正是爱因斯坦可贵的优点——独立思考，正是这个优点，才使得爱因斯坦取得了划时代的发明创造。思考是一个人工作和生活最需要的品质和能力，因为知识是可以随着时间而被遗忘，思维能力却与人的血脉水乳相容，合为一体。

创新思维就像一颗种子，需要一定环境的孕育和科学的栽培，才能发芽成长。创新思维要在每个学生心中生根发芽，需要学生在学习中利用教师创设的各种教育情境，通过感知、概括、思考去发现真理、掌握规律、体验成功。学习，只有经过这样的思维过程，才能实现既掌握知识又培养思维能力、即传承知识又能创造新知。创新思维能力的培养是一个发展过程，它是通过各种能力表现出来的，这种能力需要学生在探究学习的过程中，注重对知识技能的应用、注重亲身参与探索性实践活动并获得感悟和体验。创新有法、思维无法，贵在创新、重在思维，只有创新思维的存在，才能有富有成效的新创意诞生、一个有意义方法的提出、一个成功契机的诞生。

每个人不仅要培养和塑造自己的创新思维能力，还要清楚自己创新思维能力的高低，这样才能正确认识自己，科学设计自己，从而更好地锻炼发展自己，修正完善自己。如果不了解自己属于何种素质、何种类型的人才，就不会做出正确的选择，不仅工作干不出色，事业不成功，而且还将浪费自己可贵的天赋。试想，孙中山如果不重新选择，就不会成为伟大的资产阶级革命家；鲁迅、郭沫若如果不重新选择，充其量不过是个高明的医生，他们决不会成为伟大的思想家、文学家；爱因斯坦如果不重新选择，就不会成为举世闻名的物理学家；陈景润如果不重新选择，就不会成为震惊世界的数学家。

教育创新，就是要唤醒每个人沉睡的创新意识、创新思维、创新精神和创新勇气。一个人拥有创新意识，才能在生活中做一个有心人，才能以一颗创新的心去面对生活中的各种现象，才能捕捉到生命中那些意想不到的契机、抓住转瞬即逝的灵感。同时，我们塑造了自己的创新思维和品质，才能在学习中创造性地学习，不仅能学习知识、传承知识，还能创造新知识，以推动社会的进步和发展。

参考文献

［1］蔡伟.“80后”现象的教育思考［J］. 中国教育学刊，2005，(1).

［2］阮新邦. 批判诠释与知识重建——哈贝马斯视野下的社会研究［M］. 北京：社科文献出版社，1999.

［3］阮新邦. 批判诠释与知识重建——哈贝马斯视野下的社会研究［M］. 北京：社科文献出版社，1999.

［4］刘儒德. 论批判性思维的意义和内涵. 2001年10月30日.

［5］刘铁芳. 教育者的形象与师道尊严［J］. 教育科学研究，2002，(3).

［6］张宁娟. 论批判性教师及其成长.《教育学术月刊》2008，(1).

［7］张宁娟. 论传统文化对教师批判精神的抑制.《教育实践与研究》2008，(7).

［8］刘慧群. 教师的“反思”与“反思”的教师.《开封大学学报》2003，(3).

后记

当编辑第一次给我说批判与教师专业发展这个话题的时候，我就觉得非常有意思，而且觉得自己应该去试一试这个比较有挑战性的工作。因为，很多教育界的朋友或者一些大学教授纷纷指出我现在已经到了迫切需要提升理论，让理论和实践水乳相溶的时候。

到目前为止，在我的从业生涯中几乎没有接触过纯理论的写作，这是一个难度非常高的跨越，恰好本书需要一定的理论做支撑，我也需要去挑战一下自己，借这个机会找到学习理论和提高理论的方法和途径，也给自己找到一个自我突破的途径。

批判这个话题，其实在我开始进入教育写作时就接触到了。应该说，文学评论是我最初的“批判”，即最初是对中短篇小说的评论，我写了不少直击文学创作本质的“文学评论”，尽管有些文章发表了，也还有些一直待字闺中，但这些写作让我学会了思考和分析，也让我开始走上“批判”的道路，这段经历让我养成了不断思考的习惯，铸就了能思会想的品质。比如我写的刊发在《中国教育报》的《古代隐士背后的文化内涵》一文，文中观点被很多教师和研究这个领域的研究生们纷纷引用。当很多人问我如何写作时，我认为，除了来源于自己的教学课堂之外，就是和教学课堂和各种教育现象相结合的思考，因为思考，让我更加热爱教育，让我更接近教育的本质和规律；因为思考，让我发现了教育中的各种快乐，也因为思考，我的业余生活变得如此充实和快乐。

后来，我开始观察各种社会现象，尤其开始关注各种教育新闻、社会新闻，从这些新闻中找到一些教育的元素，写了大量的“时评”。很多教师和名师写时评都是几百字或者一千多字，而我写这类文章一般不少于两千字，以致很多编辑都不喜欢发表我的文章。其实，在我的眼里这些文章不能简单地从时评的角度去认识教育问题，因为很多文章我仅仅以教育现象为切入点试图分析教育的现状，试图找到解决教育问题的办法。很多问题，我在思考的时候，很多人都没有关注，甚至在几年后才有杂志做这方面的策划，而我已经在另外的领域进行思考和奔跑，不断用自己的思想和写作去影响别人，以期让更多的人关注教育。我喜欢做这样的思考，我坚持这样的思考，不管文章是否发表，我一定要写出我对教育问题最真实最本质的看法，尽管有些看法在很多人眼里认为值得商榷。同时，我也写了不少书评，但不少书评都不是高唱赞歌，也是秉承我的教育思想，根据某本书提出的教育现象进行思考，直击教育现象的本质，书的内容仅仅成为我引起这个话题的切入口而已。

在这些写作的过程中，我学会了独立的思考，学会了洞悉事物的本质，学会了用自己的话去说与写，发出属于自己的声音，虽不是教育名家，但也有属于自己独特的教育思想。我自喻自己是教育界的一根小草，很多人都知道我这根普通的小草，这些年在不断地长大，发过几篇文章，出过几本书，如果这也叫专业化成长，我的这些成长得益于我对教育的批判和批判性思考。没有批判性思维，就不会有属于自己的教育思想。事实上，每一个教师要获得成长，都是在这样不断学习和不断批判的过程中实现融合性生长，不断促进自己的发展。批判和思考是永远相联系的，批判和创新也是孪生姊妹，而批判和教师个体专业化发展也是形影不离的，因此，学会思考、学会批判，你就会不自觉地在思考与批判中走向成熟，获得职业生涯的专业化发展和个性发展，甚至还有可能进一步成长为名师、专家。

古人云，“学术者，天下之公器”、“君子善假于物”，在本书撰写过程中，笔者参考和吸收了很多专家学者们的著作，笔者非常感谢这些专家，在此有必要罗列他们中的几位代表的姓名，他们分别是蔡伟、阮新邦、刘儒德、刘铁芳、张宁娟、刘慧群、Michael S. Roth 等。不得不承认，由于笔者学养有限，融会创新能力还有待提升，加之撰写进程紧张，工作量大，所以本书中个别地方有可能曲解前贤时修之原意，甚至还有一些引用不尽规范的地方，虽然这可能是遭到严肃的学术批评，但是，换个角度想，一切文化，尤其是严格的学术建设不正是在“相互砥砺”与“吹毛求疵”中不断进步的吗？所以，尽管仍有许多不足，笔者仍然非常恳切地期望本书真正能起到“抛砖引玉”的作用——如果因为本书这块“破砖”，引出一大批“美玉”的脱颖而出、应运而生，那不仅是我个人的幸运，更是我们时代学术繁荣、思想言论自由的象征，同时，也是在全民共建中国梦的时代，我们的教育从教育大国走向教育强国的一个典型缩影！

本书编辑约稿到交稿时间不足 2 个月，主要写作集中在理论篇上，而实践篇都是作者近 2 年来创作的，精选符合本次主题的文章。这些文章，多半刊发在各大报刊，只有少部分由于各种因素未能刊发。这些文章，是我最近 2 年在社会民生和教育民生这 2 个领域主要思考的精华部分，也能整体反应我这 2 年对教育教学的观察与思考。由于时间仓促，加上作者本人水平有限，个人境界狭小，思想不高、思维不广，以及各种错误在所难免，敬请各位读者谅解。

根据本书的命名和使命，我期待着这本书被抛弃、被否定的那一天的早早到来！因为那意味着一个更为美好的“春天”已经到来！

2014 年 6 月 15 日于阳光清华寓居